大妻ブックレット ⑨

生活保護を考える

これから社会福祉をまなぶ人へ

嶋貫真人［著］

目次

はじめに

1　私自身の就職までの歩みについて

この「大妻ブックレット」のシリーズは、将来社会に出て活躍していこうとしている若い世代の皆さんに向けて、大妻女子大学の教壇に立つ教員がその独自の研究活動の一端をわかりやすく紹介しながら、大学での学びを始めるにあたってのヒントとなる素材を提供するものです。そして、本書が扱うテーマは「社会福祉学」、とりわけ「低所得者に対する支援策」です。

実は私自身、大学の教員になる前は、東京都で長く地方公務員として生活保護行政に携わっていました。そこで、本題に入る前に、私自身のこれまでの経歴について簡単に紹介しておきたいと思います。私がこれまでの現場実践の中で感じてきたことが、その後の教育・研究活動にどのようにつながっているのかを確認しておくことは、これから大学で勉強しようとしている皆さんにとっても、何らかのヒントとなるのではないかと思えるからです。

私は大学では法学部に在籍していました。高校時代、「政治経済」の授業の中で「朝日訴訟」の話を聞き、日本国憲法の中に「生存権」の考え方を打ち出した規定が置かれていることを知ったことが、法学部に進もうと考えたきっかけです。朝日訴訟は、一九五七年に生活保護を利用しながら岡山県の病院に入院していた朝日茂さんが国を相手どって起こした訴訟で、その後の日本の生活保護制度のあり方に大きな影響を与えることになった有名な裁判です。[1]たったひとりの人物が制度の改善を求めて投じた一石が多くの人の共感を呼び、やがて政府が重い腰を上げて制度改革が進められていったという長大な物語を読んでいると、時代が移り変わっていくときの社会全体のダイナミックな「うねり」のようなものを感じ、また誰もが認めざるをえない「正義の力」が人間を突き動かしていることも理解できて、非常に頼もしく感じたことを記憶しています。

大学入学後は、福祉行政の問題だけでなく、公害問題、労働問題など、世の中で発生している様々な社会問題をめぐって交わされている法律論について学びました。そして、就職に際しては、法学を志すことになった原点ともいえる「貧困問題」に取り組みたいと考えて、地方公務員を志望し、希望どおり福祉事務所に生活保護担当ケースワーカーとして配属されました。

2　生活保護担当ケースワーカーを経験して気づいたこと

実際に生活保護の実務の現場に着任して、どのようなことを感じたか。ここからが本書のテーマとも深く関連してくる部分です。

(1) 貧困とは社会が生み出すもの

私が就職した一九八四年当時、生活保護を利用する人々の日常の中には、まだ戦争の爪痕が色濃く残されていました。たとえば、陸軍に納入する軍事物資を製造する裕福な工場経営者であった夫婦が、敗戦とともにすべてを失い、さらに「戦争協力者」という周囲からの冷たい非難の声にも怯えながら、ひっそりと息を殺すように暮らしている姿を目の当たりにすることがありました。また、幼少時に広島で被爆し、家族をすべて亡くして天涯孤独の身となったうえに、今なお原爆症に苦しんでいる女性の身の上話を聞いたときには、それこそ全身が凍り付くほどの強い衝撃を受けた記憶があります。

そんな経験を重ねる中で、私の心の中では漠然と「貧困とは、社会が生み出すもの」という世界観が形成されていったような気がします。たしかに貧困に陥る人生とそうでない人生を分ける要因としては、本人の努力や才覚といったものも大きく作用しているでしょう。しかし、「時代の流れ」といった大局的な視点でとらえるならば、個人の力では抗うことのできない「歴史の荒波」のようなものが人間の運命を押し流していると考えるようになりました。そして、どのような来歴で貧困に至った人であっても、人間としての最低限度の暮らしだけは社会的に保障されるべきだ、という生存権の考え方の正しさを、あらためて確認したような気がしました。このことが生活保護実務を通じて私が感じ取った事柄の一つめです。

(2) 貧困が次の世代にまで伝わっていくという現実

そして、私が実務経験の中で感じたことの二つめは、「貧困の世代間連鎖」の現実です。

皆さんは「家貧しくして孝子出ず」という諺《ことわざ》をご存知ですか？　貧しい家庭に生まれた子どもは、苦しい境遇の中で精いっぱいがんばってくれている親の背中を見ながら育つので、「いつかは自分もしっかりと働いて、親を楽にさせてやろう」という、優しくて逆境に負けない強い心をもった人間に成長していくという意味です。これはある意味で最も美しい人間賛歌ともいえる言葉で、私も昔からこの諺が大好きでした。そして「生活保護世帯の子どもたちも、きっとこのような人生を歩んでいるのだろう」という夢を抱いてケースワーカーの職に就きました。

しかし、いざ生活保護の現場に入ってみると、この諺は（少なくとも日本では）生活保護世帯の子どもたち・若者たちには、まったくと言ってもよいほどあてはまらないのです。生活保護を利用する世帯の若者のほとんどは、中学校・高校を卒業すると親元を離れていきます。なかには中学校・高校の途中で不登校になったり、非行に走ったりして、親子が絶縁状態になり「ウチの子は今、どこでどうしているのかもわからない」と嘆く家族も稀ではありませんでした。

これは一体なぜなのでしょうか？　生活保護を利用する親たちの子育ての姿勢には、そんなに問題があるのでしょうか？

子どもたちが「自分には未来がある」と心の底から思うためには、そしてそれに向かって努力していくためには、親の力や愛情だけではどうにもならない一定の土台のようなものが必要なのです。生活保護の仕事をしながら、私はそのことに気づいたのです。たとえば、学校の勉強におくれが生じたときにすぐに補習をしてもらえる学習塾の費用とか、運動部の活動に必要なユニフォームを買い揃えたり遠征費をまかなったりするお金などなど……。これらのお金は「無償の義務教育費用」の中には当然含まれていないし、生活保護の教育扶助でも対応してもらえません。しかし、このような土台となる構造がなければ、いくら親が頑張って子に愛情を注いでも「孝子」は現れないのです。この点、日本の社会はあまりに「子育て自己責任論」のイデオロギーが強すぎて、「社会が子育てを支援する仕組み」が決定的に不足しているという現実に気づかされました（コラム①参照）。そして、このままでは「貧困世帯に生まれた子どもは、長じて再び貧困に陥る」という貧困の世代間継承を断ち切ることができないのではないか？　しだいにこのような疑問を抱くようになりました。

このようにして、生活保護実務の現場で働くうちに、個々の利用者に対する直接的な働きかけの技法よりも、貧困世帯を取り巻く社会の制度のあり方へと、しだいに私自身の興味・関心の方向が変化していきました。そこで「このような問題についてもう一度勉強しなおしてみよう」と考え、公務員として働きながら夜間の大学院に通い、やがて研究・教育の分野に身を置くようになっていったのです。

以上が本書の基底に流れる問題意識の出発点ともなった、私自身のプロフィールです。それでは、次章からは本題である「低所得者に対する支援策」について、私の考え方を述べていきたいと思います。

コラム① 日本の「子育て自己責任論」を裏付けるデータ

OECD（経済協力開発機構）に加盟する三八か国について、初等教育から高等教育までの教育分野への公的な支出（税を財源とする政府の負担）の大きさ（対GDP比）を比較してみると、図のとおり日本は下から四番目の位置にいます。つまり、日本の親たちは子どもの教育費の大部分を負担しなければならず、それだけ親の世代の経済格差が子どもの世代に引き継がれやすくなっているということになります。

教育への公的支出

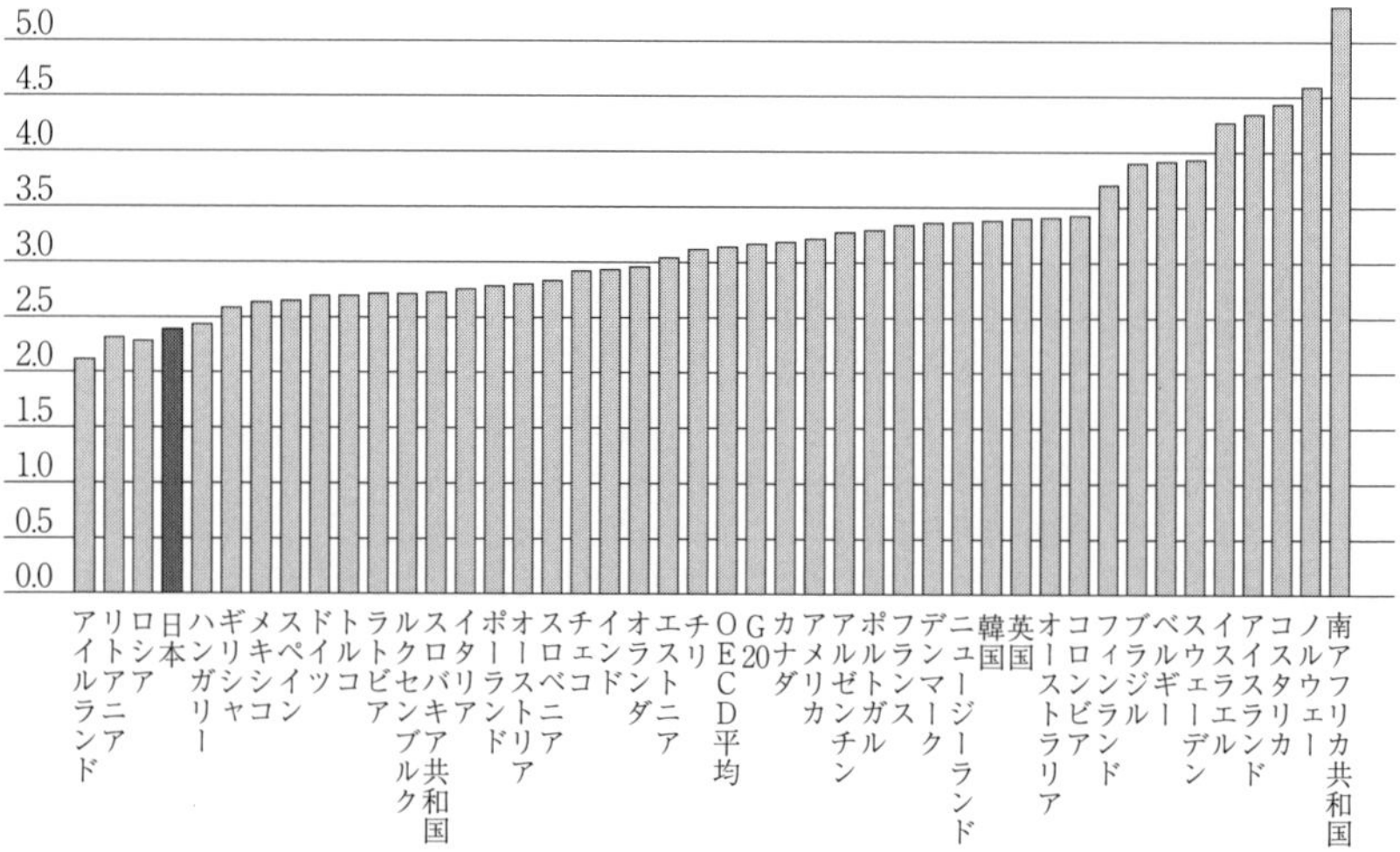

出所：OECD（2023）, Public spending on education（indicator）. doi: 10.1787/f99b45d0-en（Accessed on 09 June 2023）

第1章　最近の日本における貧困問題

1　見えにくくなっている「貧困」

皆さんは、「貧困問題」という言葉を聞いたとき、どんな光景を頭に思い浮べるでしょうか。映画やテレビの時代劇で見た、粗末な衣服をまとって街頭で物乞いをする人の姿でしょうか。あるいは干ばつに襲われたアフリカで、食べ物がないままやせ細っていく子どもたちの姿でしょうか。

でも、これらは遠い昔の出来事だったり、日本から遠く離れた場所で起きていることだったりするので、私たちにとってはあまりリアリティーを伴った現象として感じられません。こんなに豊かになってモノが溢れている現代の日本で、本当に貧困問題なんて存在するのか、という疑問を皆さんが抱いたとしても、ある意味で仕方がないことかもしれません。

つまり、貧困問題は、老人福祉とか児童福祉といった他の福祉分野と比べると、一般市民にとっては見えにくいものとなっているのです。たしかに、現代の日本における貧困問題は、江戸時代や明治時代におけるような、身なりや住まいといった外見だけで「はっきりそうである」とわかるような格差として現れることは少なくなっています。しかし、現代の日本においても貧困問題は間違いなく存在しています。いや、それどころかこの日本の社会の中で貧困問題はますます広がりを見せ、深刻化しつつあるのです。

この第1章では、まず日本の貧困問題の現状について分析を行ったうえで、その中で生活保護制度が果たしている役割について考えてみることにしましょう。

2 コロナ禍で深刻化している貧困問題

(1) コロナ禍による経済の低迷

二〇二〇年から感染が広がった新型コロナウイルス感染症が私たちの社会に与えた影響は甚大なものでした。各種イベントが中止になったり、飲食店やスポーツクラブ等の経営に大きな打撃を与えたりしました。

このような新しい問題が私たちの社会全体を襲っているということは、それによって職を失ったり、収入が大きく減少したりする人が増えているということを意味するわけで、それだけ人々の暮らしが苦しくなったはずです。実際、日本の経済活動の活発さを現す指標であるＧＤＰの数字を見ると、二〇二〇年一月から急激な下降線をたどり、二〇二一年一〇～一二月期になって、ようやくコロナ禍前の水準までは回復しました。

(2)　しかし、生活保護の利用者数は増加していない

では、このように経済の低迷が続くことによって、日本の貧困問題も次第に深刻化していったのでしょうか？　貧困の広がりを測る際のひとつの指標としてしばしば用いられるのが「生活保護受給率」です。そこで、コロナ禍直前の人員保護率（日本の全人口の中の何パーセントが生活保護を利用しているのかという個人単位で見たときの数字）と現在のそれとを比較してみましょう。二〇二〇年一月時点の人員保護率は一・六四％であったのが、二〇二三年四月のそれは一・六二％となっていて、この間に多少の増減はあるものの、意外なことにこの三年あまりの間にほとんど保護受給率に変化が見られないのです。これは一体なぜなのでしょうか？

たとえば、ある飲食店が新型コロナの影響でしばらく休業することになった場合を考えてみましょう。このような状況に置かれたとき、早々にこれまでの商売に見切りをつけて新しい仕事を見つけ、そちらに活路を見出そうと考える人もいるでしょう。また、商売の継続を諦めず、店を休んでいる間は政府から経営者に支給される給付金や従業員に支給される雇用保険法の給付を利用して、その間の生活をやりくりする方法もあるかもしれません。さらに、仕事を休んでもしばらく生活していけるだけの貯金があるとか、親族からの援助を受けられるというのであれば、店の休業がすぐに生活保護の利用につながらないかもしれません。

このように、倒産・失業や病気といった私たちの生活を脅かす出来事（社会保障の分野ではこれを「生活事故」と呼びます）が発生した場合、誰もがすぐに生活保護を利用しなければ暮らせ

ない状態に追い込まれるわけではなく、私たち自身の努力（仕事・貯金など）によってそこから脱出するとか、あるいは社会にある何らかの制度（コロナに対応するための給付金など）を利用することなどによって、貧困状態に陥ることを防ぐことが考えられます。ですから、コロナ禍の長期化が生活保護受給率の上昇に直結していないという先ほどの統計データは、それだけを単独で見れば必ずしも不自然なこととはいえません。

しかし、コロナ禍に限らず、私たちが何らかの生活事故に遭遇したとき、本当は生活保護の利用が必要なくらい生活に困っているにもかかわらず利用することができない（あるいは利用をためらっている）、という「かなり無理をした状態」に置かれている可能性はあります。つまり、現実には社会全体に貧困問題が広がっているにもかかわらず、それが保護受給率の数字に反映されていないのではないかという疑念が生まれるのです。

(3)　生活保護制度による支援がきちんと届いていない可能性

このような私の懸念をある程度裏付けるものとして、「相対的貧困率」の数字をあげることができます。相対的貧困率とは、ある国において貧困線以下の所得で暮らしている人がどれくらいの割合いるのかを示す数字で、具体的には国民生活基礎調査などの行政データを用いて推計されます（コラム②参照）。つまり、この数字を見ると前述の保護受給率よりもずっと正確に貧困の実態を知ることができるわけです[2]。そして、政府の発表によると、最近三〇年ほどの間、日本ではこの相対的貧困率が徐々に上昇しつづけており、とりわけひとり親世帯の貧困率は先進国の中ではトップクラスの高さとなっています。すなわち、先に述べた生活保護を必要とする世帯に支援が行き届いていないのではないかという不安は、こうしたデータでもある程度裏付けられるのではないかと思われます。

私自身は先に述べたようなケースワーカーとしての実務経験の中で、ここで述べたような生活保護制度の機能不全の問題をしだいに強く意識するようになっていきました。そして、このような問題状況を改善していくためには何が必要なのかということを、真剣に考えるようになってきたのです。本書はこのような私の考え方の一端を初学者の方にわかりやすく解説してみようという試みなのです。

コラム②　相対的貧困率とは

相対的貧困率とは、その国全体の所得水準と比較したときに「貧しい」とみなされる世帯がどのくらいの割合存在するかを示す数字のことで、「貧富の差」を表す指標のひとつです。日本は長期的に見てこの数字が上昇していく傾向にあり、しかも先進諸国の中でかなり上位にある（つまり貧富の差が大きい）国であるといえます。

相対的貧困率（再分配後）の時系列推移

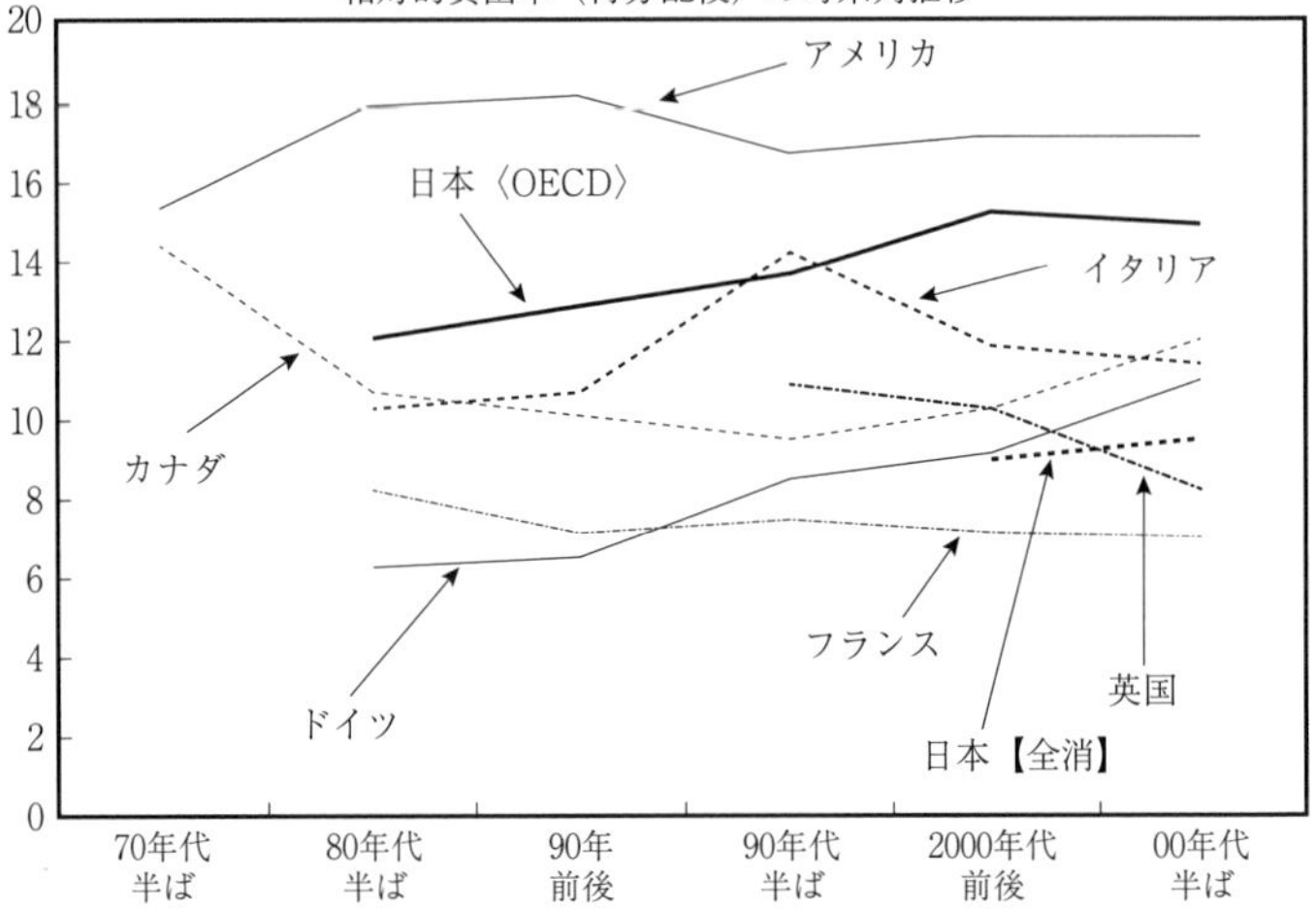

2000年代半ばにおける各国の相対的貧困率（再分配後）

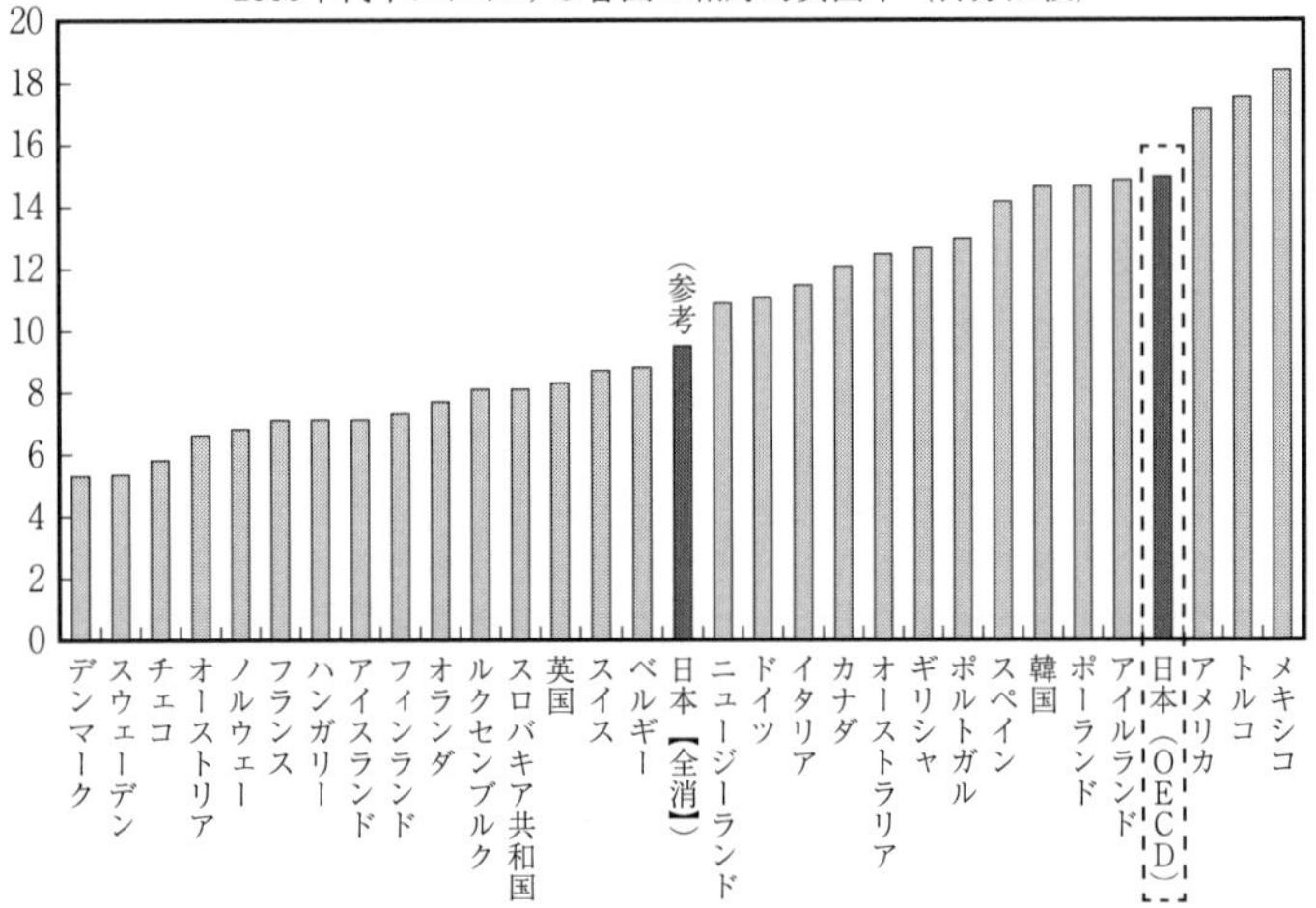

出所：「第3－2－14図　相対的貧困率の国際比較」内閣府ホームページ、http:///www5.cao.go.jp/j-j/wp/wp-je09/09f32140.html

3　現代の日本と生活保護

(1)　自己責任で生活を維持することの限界

私たちが暮らす社会は、国民一人ひとりが自分自身の生活維持をしていくために働くという「自助努力」を前提として成立しています。このような社会では、国民は皆、自分自身の利益を大きくしていくことに向けて努力しています。したがって、努力をした者はそれだけ報酬などの面で報われるべきであるし、逆に努力しない者の生活レベルが低くなるのは当然であると考えられています。このような意味において、「働かざる者、食うべからず」という古くからの諺は、いつの時代にも当てはまる人類共通の普遍的な真理であるといえるでしょう。

しかし、自分自身の力では人間らしい、最低限度の生活を維持することができない者がいるとき、そのような窮状を「自己責任」として放置しておいてよいかどうかは、また別の問題です。たとえば、身寄りのない高齢者や重篤な病気をもつ単身者など、自分の力では生活を維持していくことが困難な者がいるときには、国家が税金によってそれらの者の最低限度の生活を保障することが必要となります。なぜならば、私たちの社会においては、失業や倒産といったものは人々の自由な競争からもたらされる必然的な結果であって、いつの時代においても、またどこの国においても一定の割合で発生する、ある程度避けられない現象であるからです。このことは、人類が長い歩みの末に到達したひとつの経験則であるといえるでしょう。したがって、劣悪な労働環境や居住環境が原因で病気になってしまうとか、子どもが成長の過程で満足な教育を受けられないといったことも、やはり元をたどっていくと社会的な要因によって生み出された結果であると考えられ、その解決の責任は最終的には国家が負うことになるのです。

日本は「民主主義国家」と呼ばれるグループの一員で、このような国では社会の進む方向を最終的に決めるのは私たち国民一人ひとりであるとされています。そして、そのような意思決定に参加する場面では、貧富の差や男女の差、年齢の違いや職業の違いなどによって個人が表明する意思の重みに差をつけてはならないとされています。つまり、主権者である国民が全員平等な立場で国の意思決定に参加する以上、どのような事情であっても少なくとも人間らしい最低限度の生活水準だけは保たれていなければならないということになります。私たちの社会が生活保護という制度を創設し、それによって無差別平等に（貧困に至った原因が何であるかに関係なく）すべての国民に最低限度の生活を保障しようとしているのも、このような民主社会を構成する一人ひとりに究極の価値を置く考え方が根底にあるということです。

(2) 生活保護制度が正しく機能しているかを測る指標

「捕捉率」とは何か

このように考えると、貧困状態、すなわち自分の力で「健康で文化的な生活水準」（生活保護法三条）を維持することができなくなったときには、例外なくその者に生活保護が適用されていなければならないことになります。

そして、この制度の運用について考える際に重要な指標となるのが、「捕捉率」のデータです。捕捉率とは、生活保護を必要とする世帯のうち、実際に保護を利用している世帯はどのくらいの割合なのかを示す数字のことです。生活保護を利用するためには、自分の収入や資産が国の定めた生活保護基準（これは世帯の人数・年齢・家賃の額・居住地などに基づいて、世帯ごとに個別に算定されます）に達しないということ（このような状態にあることを「要保護」と呼ぶ）が福祉事務所によって確認されることが必要です。つまり、要保護状態にある者が全員福祉事務所に生活保護の申請をすれば、理論上は捕捉率が一〇〇％となるはずなのです。

要保護状態に該当するかどうかの判断の際には、その世帯の給与・年金などの収入に関する情報だけでなく、貯金や不動産といった資産に関する情報も必要になってきます。しかし、資産に関する情報を本人の同意なしに収集することはプライバシーの観点から不可能であるため、捕捉率の算定は実際にはかなり難しい作業となります。このため、捕捉率のデータは、通常「推計」の形で示されることになりますが、厚生労働省は二〇一〇年に発表した資料で、生活保護の捕捉率について一五～三〇％程度という推計値を示しています。仮にこの推計値が正しいとすると、生活保護利用の要件を満たした世帯（要保護世帯）のうち、実際には一～三割程度しか保護を利用していないということになります。多くの貧困問題の研究者もこの捕捉率の推計を試みていますが、やはりこの政府の推計値と同程度か、あるいはさらに低い数字を示す研究もあります(3)。

生活保護を必要とする人に利用されていない可能性

生活保護に限らず、あらゆる社会制度は何らかの社会問題を解決するために存在するわけですから、生活保護の利用率がこれほどに低いということは、日本の貧困問題が十分に解決されていないのではないか、という疑念につながるわけです。私たちは生活保護をめぐるこのような状況について、どう考えればよいのでしょうか？

近年、日本では被用者として働く人々の間で「非正規雇用化」が急速に進んでいます。つまり、正社員ではなくパートやアルバイトといった不安定な身分で働く人の割合が増えているのです。これは正社員を雇用することに伴う社会保険料などの負担の増加を避けたいという企業側の方針が主たる原因です。そして、このような非正規雇用で働く人々は、多くの場合「日給月給制」という形で雇用契約を結んでいるので、コロナ禍の影響などで仕事を休んだ場合には、休んでいる期間中の給与が丸々カットされてしまい、非常に不安定な経済状態に置かれることになります。さらに、事態がより深刻になって、職そのものを失うことになった場合には、正社員であればもらえたはずの雇用保険（求職者給付）の対象からも除外されてしまう可能性があります。

このように非正規雇用化が進むなかでさらにコロナ禍の影響を被った最近の日本の社会にあって、自らの収入では生活していくことができないという人の割合はかなり増えていると思われます。しかし、それにもかかわらず先に紹介したとおり、最近三年間の生活保護受給率はさほど上昇していないのです。ですから、ここで紹介した生活保護の低い捕捉率は、現在の日本において生活保護が正しく機能していないことを強く示唆するデータであるといえます。

(3) 生活保護が正しく機能しない原因――三つの仮説の検討

要保護状態にある世帯のごく一部しか生活保護を利用していないという現実を前にして、その原因を探っていくと、以下の三つの仮説が思い浮かびます。

第一の仮説　制度のことがあまり人々に知られていない

一つめは、低所得世帯の人々の間で生活保護という制度の存在があまり知られていないからではないかという仮説です。生活に困っても、生活保護のことを知らなければ福祉事務所に相談に行くこともないので、必然的に利用率が下がることになるでしょう。しかし、私自身の生活保護現場での経験に照らすと、この仮説は当たっていないと感じています。ケースワーカーとして働いている間、自分が担当する世帯の方とある程度信頼関係ができあがってくると、その世帯の今後の生活の向上に向けた助言といった援助者としての会話と並行して、その方の保護申請に至るまでの経緯のことを話題にすることがあります。このようなやり取りを通じて、一般市民の間での制度の認知度や制度の利用しやすさなどに関する意見を聞いておきたいと思うからです。そして、そのようなやり取りを通じて気づくことは、生活保護を利用している方のほとんどは、実際に生活が困窮したタイミングよりもずっと前の人生のどこかの段階で、「日本には、生活に困ったら国が税金で生活を支えてくれる制度があるらしい」というレベルでの知識を既に持っているということです。つまり、まだ何の不安もなく平穏に暮らしていた頃から、いわば市民としての

「一般常識」のひとつとして、多くの人は生活保護に関する知識を得ているのです。このような制度に関する知識の程度は本人の年齢や学歴にはあまり関係がなく、たとえば「テレビのニュースで見たことがある」とか、「高校時代に社会科の授業で習ったことがある」といった具合に、ごく普通の日常生活の中で情報を得ているように見受けられます。

第二の仮説　福祉事務所の窓口で断わられた

二つめの仮説は、生活に困窮して実際に福祉事務所に生活保護の申請に行ったのだが、窓口で申請書を受け取ってもらえなかったとか、申請を却下されてしまったという事例が多く存在するのではないか、という分析です。このような運用が実際にどのくらい行われているのかを正確に知る方法はありませんが、福祉事務所によるこのような対応を受けた人が、それを不服として裁判所に訴えを提起し、勝訴したという事例がいくつもあることを考え合わせると、この二つめの問題が生活保護の低捕捉率の原因のひとつとなっている可能性は否定できません。そこで、この保護の要件該当性（要保護性）をめぐる福祉事務所の判断の幅の問題については、本書の第三章でさらに詳しく検討してみたいと思います。

第三の仮説「生活保護のお世話にはなりたくない」というマイナス感情

三つめの仮説は、自分が要保護状態にあることを自覚していて、福祉事務所に相談に行ったらおそらく「保護開始」となるであろう、と正しく理解しているのだが、生活保護を利用することに対して何らかのマイナス感情を抱いていて、申請に行こうとしないのではないか、という分析です。このような現象についても、そのような意識の人が具体的にどのくらいいるのかを正確に把握することは困難です。しかし、前述のような私自身が保護利用者と交わした会話での感触からは、現在保護を利用している人たちが要保護状態に至った時点から実際に福祉事務所の相談窓口を訪れるまでの間には、一般にかなり長いタイムラグがあると感じています。すなわち、「保護を利用することのみじめさ」といったマイナス感情が制度利用の際の足かせとなり、それが低捕捉率の原因となっている可能性は否定できません。そこで、この制度利用に伴うスティグマ（恥ずかしさ、被差別感といった感情）の問題については、第二章で詳しく検討してみたいと思います。

(4)　どのような人が生活保護を利用しているのか

次に、現在日本ではどのような人が生活保護を利用しているのかについて見ていきましょう。実際に保護を利用している人が全人口に占める割合は、冒頭に紹介したとおり一・六二％（二〇二三年四月時点）で、これは人数でいうと約二〇二万人ということになります。そして、その内訳（世帯類型）を見ると、高齢者世帯が五五・六％と最も多くの割合を占めており、次いで傷病・障害者世帯が二四・八％、その他世帯が一五・六％、母子世帯が三・九％という順番になっています。このデータを見てもわかるとおり、現在日本で生活保護を利用している世帯（被保護世帯）の半分以上が高齢者世帯で占められており、しかもその割合は年々上昇しています。高齢者世帯の多くは既に仕事からは引退しているし、二番目に多い傷病・障害者世帯の多くもやはり病気や障害のために仕事に就けない人たちなので、その二つの類型を合計した全体の約八割は、まったく仕事をしていないか、仮に仕事をしていたとしてもごくわずかな収入しか得ていないと考えられます。当然のことながら、日本全世帯の平均と比べると、高齢者世帯や傷病・障害者世帯の占める割合や、仕事をしていない世帯が占める割合も、被保護世帯の方がはるかに高くなっています。

そして、このような現実のために、一般市民の多くの方はおそらく生活保護に対して次のようなイメージを抱いているのではないかと思われます。すなわち、生活保護を利用している人たちは、高齢や病気のために仕事をすることができず、社会との接点がないままひっそりと身を潜めるように暮らしている人たちなのだろう、といった感覚です。たしかに、このようなイメージは統計データで見る限り、日本の生活保護の現実の一面を言い当てているといえるのですが、私が危惧するのはこのような生活保護に対する固定観念が定着してしまうことによって、このようなタイプにあてはまらない人々が制度を利用しようとするときに無用の軋轢や抵抗を感じるようになるのではないかということです。

以上のように、日本の生活保護制度は保護を必要とする人たちに十分に行き届いているとはいえず、なかば機能不全の状態に陥っているともいえます。この本の全体を通じて私が訴えたいのは、このような問題状況を解決していくためにどんな改革を行っていくべきかという点です。

第2章　生活保護とは、どのような制度か

第1章で見たとおり、生活保護制度は現在の日本の貧困問題の解消に向けて、十分にその使命を果たしているとはいえない状況にあります。そして、その背景には制度の構造、日本特有の文化や歴史といった様々な要因があると思われるので、このような機能不全に至った原因のすべてが生活保護制度に由来するとまでは言えません。しかし、ここではひとまず生活保護およびそれを含む社会保障制度全体に焦点を当てて、現時点での日本における貧困問題への取り組みの状況について見ていきましょう。

そこで、この第2章では、生活保護制度の具体的な仕組みをながめながら、この制度のどのような点が国民から見たときの「利用しづらさ」につながっているのかを考えてみたいと思います。

1　貧困問題への対応は社会保障の役割の一部にすぎない

生活保護の「利用しづらさ」の問題を考える際には、まず社会保障制度全体の中での生活保護の位置づけについて頭に入れておく必要があります。

(1) 「社会保障制度＝貧困対策」ではない

皆さんは、「社会保障制度」という言葉を聞いたとき、どのようなものが頭に浮ぶでしょうか？おそらく読者の多くの方は、「社会保障制度＝貧困対策」というイメージが強いのではないかと思います。たしかに、社会保障制度の中には、生活保護をはじめとして低所得者問題を解決するための施策が多く含まれています。しかし、たとえば、高齢者が受け取る年金などは、必ずしも低所得者のためだけのものではないし、皆さんがこれまでに病気で医療機関に受診したときに使った保険証（医療保険制度）なども、低所得者対策の制度とはいえません。

第1章の2節で紹介した「生活事故」という言葉は、実はかなり広い意味で使われていて、勤めていた会社を定年退職するとか、病気になって医療機関で治療を受けることになった、といった状況も含めて使われています。これらは誰の人生にも起きうるごくありふれた出来事で、このようなことに遭遇したからといって直ちに貧困状態に至るとは限りません。しかし、失業することや定年退職すること、あるいは病気になって大きな医療費を支払わなければならなくなること、さらには要介護になってホームヘルパーを依頼する場合などは、それらに対する備えが不足していたならば、それがきっかけとなって生活が困窮してしまう可能性があります。そこで、現在、多くの国ではこのような誰にでも起こりうる生活事故を想定して、あらかじめ国民が皆でお金を出しあって共同の資産を形成し、そこからお金を支出してこのような事態に遭遇した人の貧困化を未然に防ぐ仕組みを用意しています。これが社会保険と呼ばれるもので、少なくとも日本では財政規模の大きさから見ても、また加入者の多さから見ても、社会保障制度の中核を占めるのは、むしろこの社会保険の方であるといえます。

(2)　貧困を防ぐ社会保険と困窮した人を支援する生活保護

では、生活保護とこの社会保険は、どのような関係にあるのでしょうか。年金や医療保険のような社会保険は、それに加入したうえできちんと定められた保険料を支払うこと（これを「拠出」と呼びます）が制度利用の際の条件とされています。しかし、世の中にはいろいろな境遇の人や多様な考え方の人がいて、生活が苦しくてどうしてもこの保険料を払えなかったとか、保険に加入すること自体を忘れていたとか、あるいは加入を求める通知を受け取っていながら加入手続を行わなかったといったことが考えられます。もちろん、このような理由で社会保険から漏れてしまった人々に対して、「それはあなたの自己責任でしょう」と突き放した見方をすることも可能でしょう。しかし、それぞれの人の置かれた様々な生活環境を考え合わせると、社会保険による救済を受けられなかったことのすべてについて、「本人の責任」であると決めつけることもできません。やはり人間として最低限度の水準の生活は、国が（保険料ではなく）税金で保障するべきであると考えられ、これが生活保護の役割であるということになります。

つまり、社会保険と生活保護は、どちらも社会保障制度のひとつなのですが、前者の方がより多くの国民が利用して生活が困窮することを事前に防止する機能を果たしているのに対して、後者の方はそのような社会保険から漏れてしまった比較的少数の人たちを対象に、その人たちが実際に貧困状態に陥ってから機能する制度であるというところに違いがあります。

2　若者も生活保護利用者となることがある

次に強調しておきたい重要なポイントは、日本の生活保護法では制度の利用資格として「高齢であること」とか「病気のために仕事ができないこと」といった前提条件を一切求めていないということです。諸外国の立法例を見ると、若年失業者の生活保障については高齢者等に対するそれとは別個の制度を用意し、利用要件についても若年者に特化させた内容としている国もあります。しかし日本の生活保護法はそのようなやり方をしていないのです。これはなぜなのか、考えてみましょう。

(1)　働く能力があっても排除されない

貧困を理由として保護の申請をする者が、年齢や健康状態から見て「仕事をしてお金を稼ぐことを期待できそうだ」というふうに見える場合（このような状態のことを「稼働能力を有する」と呼びます）、国家はその人に対してどのように対応するべきなのでしょうか？　年齢も若く、特段の病気や障害がないにもかかわらず、なかなか仕事に就くことができないという人がいた場合でも、やはり最終的には国の責任でその人の生活を保障しなければならないというのが生活保護法の考え方なのです。つまり、稼働能力を有するか否かに関わりなく、すべての生活困窮者を保護の対象とするという前提に立っているのです。このような考え方のことを一般扶助主義と呼びます。これに対して、稼働能力をもつ者を最初から保護の対象者から除外してしまうやり方を制限扶助主義と呼びます。

先進諸国の生活保護制度の変遷をごく大づかみにとらえるならば、「制限扶助主義から一般扶助主義へ」という流れで説明することができるでしょう。その背景には、前述のとおり資本主義社会における失業問題が、「怠惰」とか「本人の見通しの甘さ」といった失業者自身の責任だけでは説明できない、社会的な原因によって発生するものであるという歴史的な経験が存在するのです。

(2)　一般扶助主義で運用されていない現実

ところが、現代の生活保護制度においても、稼働能力をもつ低所得者に対してまったく無条件で保護が適用されるというわけではなく、一般扶助主義であっても保護を開始する際に何らかの指示を与えたり交換条件を提示したりするのが普通となっています。なぜならば、無条件の一般扶助主義を採用すると、「何もせずに国からお金をもらって暮らすのはズルい」という一般市民からの感情的な反発を受けやすくなり、そのような市民からの不満を放置することは、ひいては国民全体の勤労意欲の低下や福祉制度への過剰な依存を招くと考えられるからです。言い方を換えると、生活保護というのは、高齢者や重篤な病気をもつ人のように、誰が見ても「保護の利用がやむをえない」と納得できるような典型的な貧困層に的を絞るべきだ、という昔ながらの素朴な感覚がいまだに社会の中に根深く存在していて、そのような「無言の圧力」が、これから制度を利用しようとしている人の心情だけでなく、制度の運用にあたる福祉事務所の職員の意識にも大きな影響を及ぼしていると考えられるのです。

つまり、日本の生活保護は、制度の建前としては「すべての貧困者に対して門戸を開放する」という平等な対応を掲げているのですが、冒頭に紹介した新型コロナ感染症拡大以降の生活保護の利用状況からもわかるとおり、現実には必ずしもその建前どおりに運用されているとはいえず、稼働能力をもつ若年失業者の貧困問題には十分に対応できていないのではないか、と考えられるのです。

以上のように考えると、一般扶助主義を採用したことによってすべての貧困者に広く生活保護利用の門戸が開かれることになったはずなのに、実際には反対に「稼働能力をもつ貧困者に対して課される交換条件」といったものが、生活困窮者にとって大きな心理的バリアとして立ちふさがる原因になったようにも思えます。そして、この「働かざる者、食うべからず」という、私たちにとって容易に拭い去ることのできない道徳観が、稼働能力をもつ者はもちろんのこと、そうでない者も含めたすべての困窮者にとって生活保護の相談窓口に足をはこべない大きな要因となっているのではないか、と私は考えています。

3　生活を保障する最終的な手段としての生活保護

第2章のはじめに述べたような社会保障制度全体の中での位置づけに照らして考えると、生活保護は社会保険をはじめとする他の制度や手段をすべて利用したうえで、それでも生活を維持できないという局面に限定して適用される、いわば「最終的な生活保障手段」ということになります。この点こそが生活保護の性格を特徴づける最も重要な原則であり、同時に利用者にとって一番わかりづらく、不安や不満を感ずる部分でもあると思います。

そこで、本節では主として利用資格に関する社会保険との違いに焦点をあてて解説し、それ以外の「資産」等の扱いについては、第3章でまとめて説明することにします。

(1) 生活保護に先立って活用するもの

生活保護に先立って利用しなければならない「他の制度や手段」というのは、年金や雇用保険などの社会保険に限らず、児童扶養手当などの各種手当も含まれるし、当然のことながらその人自身の稼働能力や持っている資産（貯金、不動産、自動車など）、さらには一定の範囲の親族からの援助（扶養）までをも含みます。

これらのうち、まず「本人が仕事をして、収入をあげるよう努力する」という原則については、次のように考えられます。すなわち、資本主義社会においては、一定の割合の失業者の発生が避けられないものなので、この「稼働能力の活用」の原則についても、必ずしも実際に「就職すること」までを要求されるものではありませんが、少なくとも「就職に向けて努力すること」は必要だといえます（具体的な努力の程度については、第3章2節の(3)を参照）。

これに対して、社会保険をはじめとする「他の社会保障制度」が生活保護に優先するという原則は、法律制度などに関する一定の知識がなければなかなかわかりづらいルールであると思われます。

(2) 社会保険は生活保護よりも優先して適用される

この両者が果たしている機能の違いについても先に説明しましたが、しかし「そもそも、なぜ社会保険は生活保護より先に利用されなければならないのか」という疑問は、まだ解消していません。そして、これに関しては次のような説明が可能です。

つまり、年金に代表される社会保険は、事前に保険料を支払った者だけがその見返りとして受け取れるものなので、「自分の努力で獲得したお金」という感覚を持ちやすい（このような感覚のことを「対価性」と呼びます）といえます。これに対して、生活保護の方は、「生活が困窮している」という事実が確認された者だけを対象に、国民全員が納めた税金の中から支給されるので、どうしても「他人に助けてもらう」という感覚になりやすいのです。言い換えれば、保険料さえ支払っていれば所得の高低に関係なく誰にでも支給される社会保険は、「自分のモノ」という感覚で受給できるのに対して、生活保護の方は過去に何かを納めていたことの見返りではなく、現在低所得であることを理由として支給されるものなので、「限られた少数者に向けられた救済策」という感覚に近くなります。そして、このような感覚が生活保護を利用しようとする際の「遠慮」とか「恥ずかしさ」といったマイナス感情につながっていると考えられます。

このような理由から、自分が納めた保険料の見返りとして支給される社会保険の方は、お店でお金を払って商品を購入するのに似ていて、比較的「権利」として自覚しやすいものとなります。つまり、社会保険の給付は「国民が自分の努力によって獲得したもの」という性格をもつために、その利用が生活保護よりも優先するということになるのです。

しかし、このように利用の順番に関して「社会保険の方が先である」ことが、そのまま「権利としての強さ」の差につながるのかについては、慎重に考えていく必要があります。生活保護の利用がたとえ社会保険に比べて何らかの制約を伴うものであったとしても、権利として明確な位置づけが与えられているのであれば、生活に困った人にとっては最後の頼みの綱として強く要求できる「頼りになる制度」として期待できるはずです。

(3)　生活保護の権利が弱く感じられるのはなぜか

生活維持の最終手段としての生活保護

憲法二五条は「すべて国民は、健康で文化的な最低限度の生活を営む権利を有する」と規定しているので、生活保護を利用することが国民の「権利」であることは疑いようがありません。しかし、問題は社会保険と比べたときに、生活保護は「権利」としての強さの点で一段劣るのか、という点です。

既に述べたとおり、生活保護の利用は国民が自分の生活を維持していく際の「最後の手段」であるため、社会保険との間の優先関係に限らず、自分で働いてお金を稼ぐなど、生活上のあらゆる局面について「できるだけ保護に頼らない生き方」を求められることになります。実際、生活保護法は四条で「保護は、生活に困窮する者が、その利用しうる資産、能力、その他あらゆるものを、その最低限度の生活の維持のために活用することを要件として行われる」と規定して、国民が生きるうえで生活保護はあくまでも補足的・限定的な最後の手段であることを確認しています。

法律の規定のあいまいさ

ただし、ここで注意しなければならないのは、生活保護の利用に先行するとされる「その他あらゆるもの」の中に一体何が含まれるのかについて、法律自身は何も語っておらず、多くのあいまいさを残しているという点です。そして、このようないわば「法律の空白」の部分を埋めるために、生活保護行政をつかさどる厚生労働省は、おびただしい数の通知を全国の福祉事務所に向けて発しています。その通知に書かれている内容というのは、たとえば「自動車を保有する者がそれを売却せずに、そのまま使ってよい場合とは、どのような場合なのか」とか、「本人の働く能力の有無や程度を、どのようにして判定するのか」といった事柄です。そして、現場の職員は生活保護法という法律そのものよりも、むしろこれらの厚生労働省からの通知の方を強く意識して仕事にあたっているともいえます。

しかし、厚生労働省がいくら詳細な法解釈を示してみても、現実の生活保護の運用の現場では、これらの通知に書かれた内容では明確にどちらとも決めきれない、「隙間」の部分がどうしても発生してきます。たとえば、失業したままなかなか次の仕事に就けない状態の人がいるとき、その人がどのくらい求職に向けた努力をしていたら生活保護を継続できるのか、といった問題です。このような個別性が強い判断の場面では、異なる福祉事務所間での対応の格差、あるいは同じ事務所内での職員間の考え方の違いといったバラつきがどうしても避けられません。

このように生活保護の要否をめぐる福祉事務所の判断というのは、申請者・利用者の生活の状況をあらゆる角度から総合的に検討し、それらの多角的な考慮の末に結論を出すものなので、制度利用者の側から見たときには「はたして自分には権利があるのか、ないのか」の予測が立てにくくなります。

このことを、たとえば社会保険の一種である国民年金法の中の、以下のような制度と対比させて考えてみましょう。国民年金の中には、ある病気や怪我について二〇歳になる前に初めて医師の診断がなされた場合に支給される障害基礎年金というものがあります。これは本人が保険料をまったく納付していなくとも支給されるのです。したがって、これは対価性がない完全に無拠出の制度です。そして、それでもこの年金は法制度上、国民年金、つまり社会保険の一種とされていて、一般的には生活保護に比べて権利としての性格が強固であると受け止められています。そして、このことは「社会保険＝拠出制＝権利性が強い」という図式によって、生活保護との違いを説明できるわけではないということを示しています。この二〇歳前初診日の障害基礎年金などは、「対価性がない」という点で生活保護となんら違いがないにもかかわらず、その支給要件が生活保護のような資産、稼働能力などを含む総合的な判断でないために、「自分に権利があるか、ないか」が本人にとってもわかりやすくなっている、というだけのことなのです。

福祉事務所の判断に任されている部分

つまり、社会保険と比べたときに、生活保護の方が「権利として主張する際の意気込みが弱くなる」と感じられる原因は、実はそれが無拠出の制度であるからではなくて、給付要件に関する多面的な判断の中に「あいまいな部分」が多く含まれているからなのです。

もちろん、このような法律の隙間の部分に関して行政機関の自由な判断に任された領域（このことを「行政裁量」と呼びます）を福祉事務所に広く与えすぎると、福祉事務所間の判断のバラつきが大きくなって、国民から見て不公平な結果を招くことになります。そこで、先に述べたとおり、このような法律の中のあいまいな部分をより具体的に読み解いた国からの通知が数多く発せられています。そして、これらの通知が福祉事務所の行政裁量を拘束し、法の下の平等（憲法一四条）を実現しているのだと、これまでは一般に考えられてきました。

しかし、私の研究では、従来のこのような議論に対して、やや異なる角度から新たな問題提起を行っています。(4)

図1を見てください。たとえば、ある事例（A）と他の事例（B）とが「同一のもの」であると認識されるとき、行政機関はこの二つについて「同じ対応」をしなければならないというのが平等原則から導かれる結論です。しかし、この原則はそもそもAとBが「同一である」という前提から出発したルールであって、その前提が成立した後にはじめて拘束力として働くのです。そ

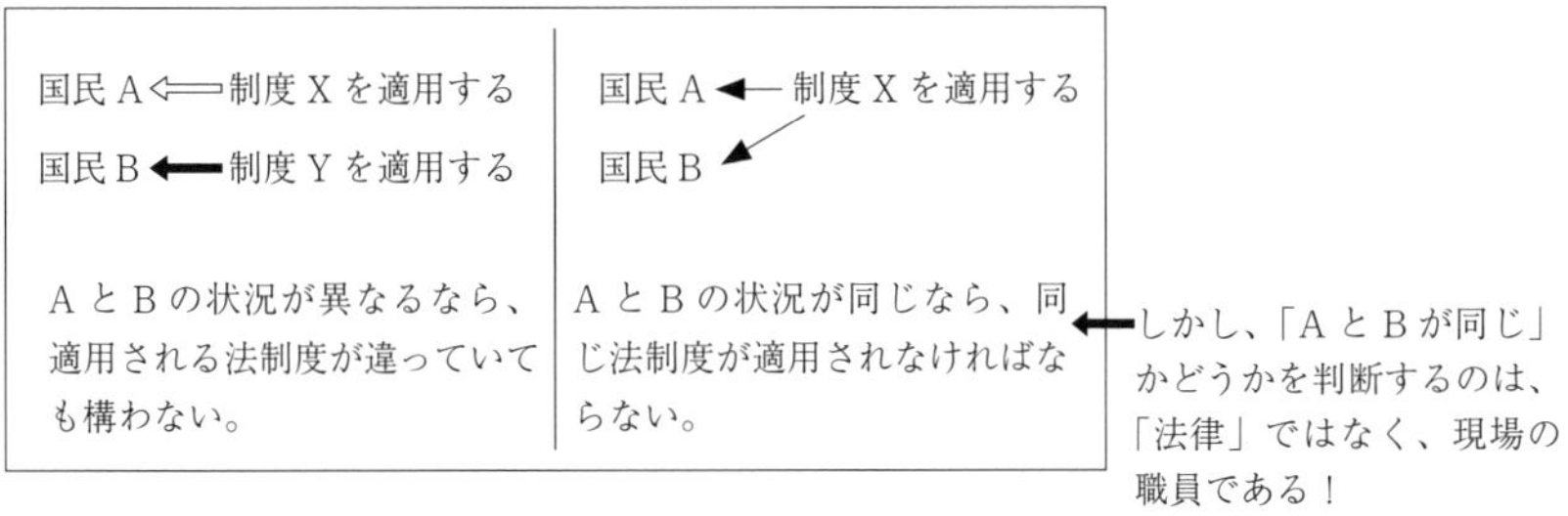
国民A⟸制度Xを適用する
国民B⟵制度Yを適用する
AとBの状況が異なるなら、適用される法制度が違っていても構わない。
国民A⟵制度Xを適用する
国民B
AとBの状況が同じなら、同じ法制度が適用されなければならない。
しかし、「AとBが同じ」かどうかを判断するのは、「法律」ではなく、現場の職員である！

出所：筆者作成。

図1　法制度を具体的な事例にあてはめる際の判断方法

して、生活保護においては、このAとBが「同一である」という事実認定そのものの中に、多様な地域特性や福祉事務所ごとのローカル・ルールといったものが紛れ込んでくるので、実は国の発した通知だけでは福祉事務所の行政裁量をコントロールし、利用者の権利を守ることは難しい、と私は考えています。

第1章の3節で述べたとおり、現在の日本では生活に困窮した人々にとって、生活保護が生活を支えるための最終的な手段として十分に機能しているとはいえない状況にありますが、このような問題状況を打破していくためには、生活保護の権利としての性格を強めていくことが絶対に必要です。そして、そうした改革のためには保護の適用可否の判断の中に含まれるあいまいさの部分をできるだけ排除していくことが肝要で、これはすなわち福祉事務所における生活保護開始の際の判断プロセスを客観化・透明化していくということにつながります。この点に関しては、第3章で詳しく検討していくことにしましょう。

4　健康で文化的な最低限度の生活水準とは何か

生活保護の機能について理解する際にもうひとつ大切な事項は、それによって保障される最低限度の生活が「健康で文化的な生活水準」である（生活保護法三条）という点です。しかし、この言葉は非常に抽象的でつかみどころがなく（コラム③参照）、「一体どのくらいの生活水準を指すのか」ということをイメージするのは難しいのではないかと思われます。

そこで、本章では、この言葉の意味をもう少し具体的に掘り下げる作業を試みてみましょう。

(1)「貧困」とは、他の誰かと比べたときの生活レベルの差である

まずここで注目してほしい点は、生活保護法によって保障される生活の水準が「健康で文化的な生活水準」であって、決して「健康な生活水準」ではないというところです。もしこれが「健康な生活水準」という表現であったならば、人間として生命を維持するのに必要な最低限度の飲食費だけを支給すればよいということになるので、たとえば理髪店で身だしなみを整えることとか、好きな作家の本を買って読むことなどに要するお金は含めなくてよいことになってしまいます。しかし、現在の生活保護制度は、決して「生命を維持できれば、それでよい」といった低いレベルにとどまっていないのです。

もし生活保護で支給されるお金が最低限度の飲食費にとどまるのならば、その金額の算定はカ

ロリーやビタミンといった生存に必要な栄養素の量を食品などの価格に換算するといった機械的な作業になるので、それによって得られる金額は（物価上昇分を除外すれば）長期的に見ても固定的な数字となるでしょう。しかし、これに「文化的な」要素を加味するということになると、余暇の楽しみ方や保有する家電製品の種類など、世間一般の人々の暮らしレベルがどうなっているのか、といった比較の視点がどうしても入ってきます。つまり、「貧困」というのは絶対的・固定的な概念ではなくて、「他の誰かの暮らしと比べて、どのくらい見劣りするのか」という相対的な概念なのです。そして、社会全体の人々の生活において飲食費以外に支出する教養費・娯楽費・交際費などの平均的な額は、長期的に見ると時代の推移とともに上昇していくと考えられるので、これに干渉される形で生活保護における「健康で文化的な生活水準」も上昇していくことになるのです。生活保護の要否の決定は、申請者自身が有する収入や資産とこの「貧困ライン」（生活保護基準）との対比で行うことになりますが、生活保護基準自体がこのように時代とともに変化していく流動的なモノサシであることから、どのくらい収入が下がったときに保護に該当するのかという判断も社会全体の動向に合わせて変化していくことになります。

(2)　ワーキングプアの生活水準と生活保護基準との関係

生活保護基準は最低賃金額よりも低くなければならないのか？

「健康で文化的な生活水準」の内容に関して、もうひとつ押えておかなければならない点は、私たちが労働の対価として受け取る賃金との関係です。

繰り返し述べてきたとおり、生活保護は国民の生活を支える最終的な手段ですから、仕事によって日々の暮らしを維持できている多くの国民にとっては、あまり縁のない制度であると感じられるかもしれません。しかし、失業して賃金を失った者にとっては、生活保護が賃金に代わる生活の糧となるわけですから、再就職後の賃金によって得られる生活レベルと生活保護利用中の生活レベルとを比べて、どちらが自分にとって有利なのかということが重大な関心事となるはずです。

この問題については、日本だけでなく他の先進諸国においても、昔から「劣等処遇論」として活発な議論がたたかわされてきた経緯があります。劣等処遇論とは、社会の中の最底辺の賃金水準で働いている労働者（ワーキングプア）の生活レベルと、生活保護によって保障される生活レベルとを比較したとき、後者が前者より高くならないように配慮することを意味します。なぜならば、生活保護基準の方をフルタイムで働く低賃金労働者の生活水準よりも高くしてしまうと、「わざわざ汗水垂らして働くことなどバカバカしい」と考える人が現れて、人々の労働に対する意欲にブレーキがかかってしまうからだと説明されています。要するに先にも述べた「働かざる者、食うべからず」という古くからの諺を現代風に言い換えたものともいえます。

日本には最低賃金法という法律があって、地域ごとに定められた最低限度の賃金に満たない金額で労働者を働かせた場合には雇用主が処罰される仕組みがあります。そして、この地域ごとに定められた最低賃金の水準を決定する際には「生活保護との整合性に配慮する」と法律の中に書かれているので、最低賃金法自体、上記のような劣等処遇論の影響を受けた制度になっていると見ることができます。

たしかに、フルタイムで働く労働者の生活水準が生活保護基準を下回るということになれば、「働かずに生活保護を利用する方が、楽に暮らせてよい」という安易な考え方（これを「モラルハザード」と呼びます）に流れやすいので、そのような事態は絶対に避けなければなりません。他方で、だからといって最低賃金の方を引き上げすぎると、今度は雇用にマイナスの影響が出て失業者が増加する原因ともなりうるので、やはり生活保護基準を最低賃金の〝下に潜らせる〟しかない、という結論に落ち着くように見え、実際近年においてはそのような主張が多く聞かれます。

生活保護基準が最低賃金を上回る可能性

しかし、モラルハザードの発生を防止するために生活保護基準の方を低く抑えていくという考え方は、長期的な視点で考えると、むしろ以下のような形で低賃金労働者の生活を危うくしてしまうというマイナス効果の方が大きいと私は考えています。[5]

最低賃金法に基づく最低賃金制度が法律の規定どおりに正しく機能していくためには、一定の前提条件が必要です。もし仮に企業の間の「労働力不足感」がなくなり、なおかつ最低賃金以下で人を働かせている「違法就労状態」に対する労働基準監督署の取り締まりがきちんと機能していない社会が出現したならば、最低賃金法は事実上無力化してしまいます。はたして今後の日本において、このような時代がやってくる可能性が皆無であると言いきれるでしょうか？

コロナ禍などの影響で景気が急速に下降線をたどり、失業者が増えて社会全体に「労働力余り感」が広がると、ワーキングプアの賃金相場は一気に〝値崩れ〟を引き起こします。実際、一九九〇年代のバブル経済崩壊後の深刻な不況期には、ワーキングプアの多くが「見せかけ上の（法律上の）最低賃金」以下の水準で働いていたという実態があるのです。つまり、日本における最低賃金法の効力は実は意外に弱くて、いったん失業者が巷にあふれるようになると、彼ら・彼女らは生きていくために最低賃金以下の仕事を奪い合うようになるので、「現実の最低賃金相場」が底なしに低下してしまう可能性があるのです。したがって、このような中でモラルハザード論にとらわれて生活保護基準の方を最低賃金の下に潜らせてしまうと、将来「現実の最低賃金相場」が本当に下がったときには、生活保護を利用したとしても「健康で文化的な生活水準」を維持できない人が社会にあふれることになってしまいます。

このように考えると、貧困ライン（すなわち生活保護基準）が相対的な概念であるといっても、やはり譲ることのできない絶対的な一線、「これ以下の金額にしてはならない」という最低ラインが厳然と存在していて、そのことは最低賃金との整合性が問われる場面においても維持されるべきなのだといえます。つまり、「こんな賃金では暮らせない」というくらいに現実の最低賃金相場が下がってしまったときに、「それなら生活保護を利用しよう」というふうに考える人の流れができれば、際限ない賃金相場の低下も食い止められるはずなのです。このように考えると、場合によっては生活保護基準がワーキングプアの給与水準の上を行くことがあってよい、という結論になります。

コラム③　生活保護法第三条と第八条

先述のとおり、第三条は最低限度の生活の水準について、「健康で文化的な生活水準」というだけで、それ以上に具体的な金額等については何も定めていません。そして、最終的にはこの金額は厚生労働大臣が「生活保護基準」という形で国民に示す（第八条）ことになっています。しかし、厚生労働省がどのようにしてこの保護基準額を算出したのか、また財源を握る予算担当部局（財務省）との間でどのような折衝が行われたのか、といった肝心の点については、国民にとっては完全にブラックボックスの中にあります。第3章・1でも述べるとおり、この保護基準額算定のプロセスをいかにして透明化し、民主的なものにしていくのかが、今後の日本の生活保護の大きな課題といえるでしょう。

5　市民感覚にそぐわない現代の生活保護制度

一九五〇年に生活保護法が制定されてから既に七〇年以上の時間が経過していますが、この長い間に私たち日本人の生活スタイルやものの考え方は大きく変化してきました。また、生活保護以外の社会制度の種類も法制定当時とは比べものにならないくらい豊富になってきています。

そして、問題なのは、生活保護法の中の重要な原則のいくつかは、このような七〇年間の社会の変化にまったく対応できておらず、終戦直後の「古臭い」姿のまま生きつづけているという点なのです。このことも、市民の眼から見たときにこの制度が「利用しづらい」と感じるおおきな原因となっているのです。

そこで、本章では、生活保護法の掲げるいくつかの原則の中でも、特に強く「時代遅れ」と感じられる問題を指摘しておきたいと思います。

(1)「生活丸抱え」的な保障

一見すると「弱者に優しい制度」だが

他の社会保障制度と比べたときの生活保護のもうひとつの際立った特徴は、それが「生活丸抱え」的な保障であるという点です。すなわち、生活保護によって支給される扶助のメニューは食費・被服費・光熱費といった、いわゆる「生活費」だけに限定されておらず、場合によっては家賃などの居住に要する費用、学習参考書の購入などの子どもの教育にかかる費用、そして医療費や介護の費用にまで及ぶのです。言い換えれば、先に述べた「健康で文化的な生活水準」は、これらの支出に要する費用も含めて算定されるということになります。たしかにこれらに必要なお金がないと、人間らしい暮らしができなくなるので、その不足分についても「まとめて国が面倒を見る」というやり方は、一見すると「弱者に優しい」制度のようにも見えます。

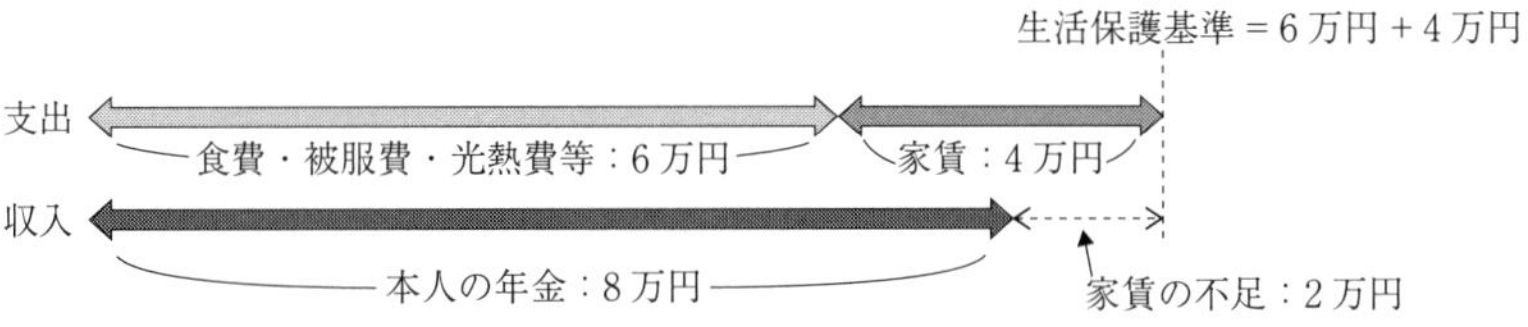

出所：筆者作成。

図2　「家賃の支払いが困難である」ということの意味

「家賃の支払いが困難であること」と「食べていけないこと」

しかし、このようなすべての生活上のニーズをワンセットで保障するという仕組みでは、生活上の課題を抱えた人にとってかえって制度を利用しづらくなる場面もあるのです。

図2を見てください。たとえば、ある世帯（単身の高齢者と仮定します）において、本人の年金が月額八万円、家賃が四万円、そして家賃分を含めた生活保護基準が月額一〇万円であると仮定します。このとき生活保護基準から家賃を引いた六万円が最低限度の食費・被服費・光熱費などに必要なお金（生活扶助の基準額）ですが、実はこの人は自分の年金で既にこの分をまかなうことができているのです。つまり、「食べていくことはできるが、家賃の支払いには少し足りない」くらいの生活状態にあるわけです。しかし、そのような人であっても生活保護の申請をする以上、先に述べた生活保護の「最終的な手段」に由来する厳しいルールが適用されるので、「まず手持ちの財産を処分して、そのお金をあててください」とか、「親族から援助を受けられないか、交渉してみてください」といった指導を受ける可能性があります。また「わずかな額であってもよいので、働いて収入をあげるよう努力してください」といった指示が待っているかもしれません。つまり、ここでいう二万円分のわずかな家賃の補助を受けるために、

このようなやっかいな条件を提示されたり、私生活への介入ともいえる指導・指示を受けたりしなければならないのです。でも、こうした家賃だけの補助を求める人にまで、生活保護利用にともなう諸々の制約を課すことが妥当であるとは思えません。

ひと口に「貧困状態」といっても、「食べていくことができない状態」と「食べていくことはできるが、家賃の支払いには足りない状態」ではかなり程度の差があって、後者の貧困レベルについてはかなり多くの人々が実際にそのような状態に置かれている、広がりのあるものではないかと想像されます。したがって、そのような比較的程度の軽い困窮状態に対しては、生活保護よりももっと簡単な手続で支援を行えるようにしておいた方が、国民にとって利用しやすいものとなるでしょう。同様に、子どものいる世帯において「食べていくことと、家賃を支払うことは独力で可能だが、子どもの学校にかかる費用を捻出するのが難しい」という場合には、生活保護とは別にもっと緩やかな要件の学童養育世帯に特化した補助制度を用意した方がよさそうです。さらには、毎月多額の医療費がかかっている世帯において、「食べていくこと、家賃を支払うことまではできるが、医療費の支払いに困っている」という訴えがある場合も同じです。これらの場合にまで、「食べていくことができない」という生活保護の中核的な利用者と全く同じ要件を課したのでは、問題を抱えた人たちはかえって相談に行きづらくなってしまいます。

このように考えると、現在の生活保護の「生活丸抱え」的な性格については、根本的な見直しが必要といえそうです。そこで、この問題についても第3章で検討していくことにしましょう。

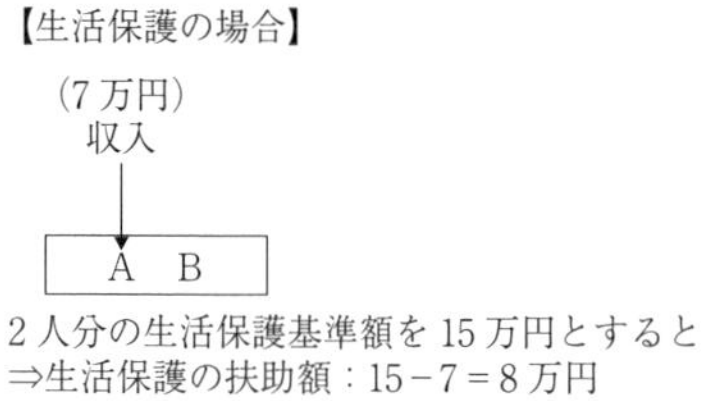

図3-1　世帯単位で決定する生活保護

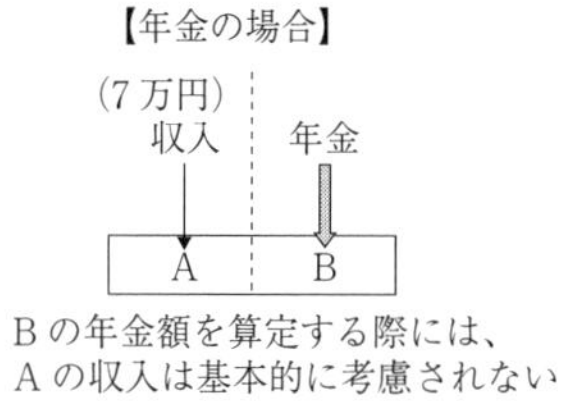

図3-2　個人単位で決定する年金

(2) 世帯単位の保障であることの問題点

世帯単位原則とは何か

さらに、生活保護が世帯単位で給付決定されるという点も、他の社会保障制度とは大きく異なっています。

図3－1を見てください。たとえば、A・Bの二人が一緒に暮らしていて、このうちAだけが働いて収入（仮に月額七万円）を得ているとしましょう。生活保護法によると、このような場合には生活に困っていないAを除外して、Bだけを保護するという扱いはできないことになっています。つまり、この事例ではA・Bの二人世帯の生活保護基準（仮に一五万円）からAの給料を差し引いた金額（すなわち八万円）が、二人分の保護費としてまとめて支給されるのです（ただし、実際の計算はもう少し複雑になりますが、ここではごく簡略化した計算で説明しています）。この結果、AとBはAの稼ぐ収入七万円と福祉事務所から支給される八万円の計一五万円を、二人で分けあって生活することになります。このような取り扱いのことを「世帯単位原則」と呼んでいます。したがって、Aの給料がもっと高ければ、この「二人世帯」は生活保護を利用できない可能性があります。

他方、もしこれが図3－2のように生活保護ではなく年金だとしたら（Aが働いている期間中にBが年金の手続をするとしたら）、Bの年金手続の際にAが得ている給料の額は原則として考慮されず、Bの保険料の納付実績だけで年金受給権の有無や金額が決定されます。つまり、年金は個人単位の制度なのです（ただし、配偶者の扶養のための加算など、若干の世帯単位の要素も含まれています）。

年金や雇用保険のような社会保険は個人単位の制度なのに、なぜ生活保護は世帯単位の制度なのか？　これに対しては、一応次のような答えが用意されます。生活保護は繰り返し述べてきたとおり、「生活保障のための最後の手段」なのだから、同居する家族がいるなら互いに助けあって（収入がある者は、その収入を無収入の者を養うことにあてて）それでも足りない分だけを生活保護が補うのだ、と。読者の皆さんも「そんなこと、あたり前じゃないか！」と思われるかもしれません。しかし、はたしてそうなのでしょうか？

上の例のAとBが「夫婦」であると仮定したときには、保護の決定が世帯単位で行われることについては異論を差し挟む余地は少ないでしょう。しかし、この原則はAとBの間柄がどのようなものであるかには関係なく、「同一世帯である」というだけで機械的に適用されてしまうのです。つまり、AとBが兄弟であっても、親子であっても、さらには単なる友人同士であっても、図3－1で示した生活保護費の計算方法は基本的に同じなのです。

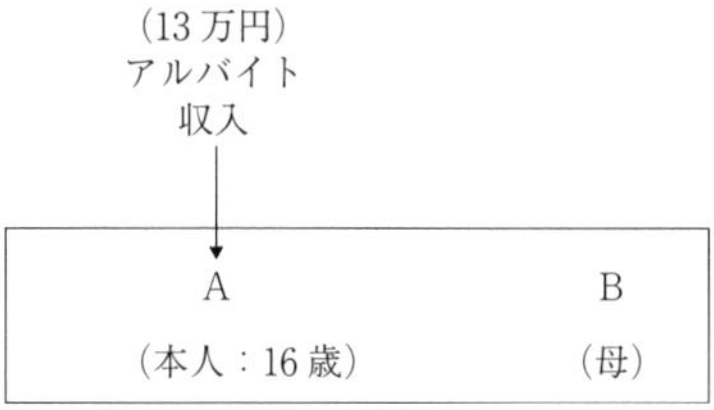

2人分の生活保護基準額を15万円とすると⇒生活保護の扶助額：15－13＝2万円

図4　世界単位による生活保護がうまく機能しない場合

世帯単位原則を厳格に貫くことで生ずる問題

図4のように、中学校卒業と同時に就職して今もアルバイトで頑張っている一六歳の少年Aと、病気のために働けないAの母親Bという二人世帯を想定してみましょう。このような場合にも世帯単位の原則が適用されるので、Aの給料で二人の生活を維持できなければ、二人分の生活保護基準からAの給料分を差し引いた額が保護費として福祉事務所から毎月支給されます（ここでも図3－1と同様に、少し簡略化した計算で示しています）。そして、この計算方法はAが一家の大黒柱として自分の給料をほぼ全部家計に入れて、病気の母親を養っている状態、というふうにとらえることができます。これがはたして妥当なやり方といえるか、という点が問題の中心です。

「それは仕方がない、むしろ息子として当然の務めだ」という意見もあるでしょう。しかし、私はこのようなやり方は、Aにとって非常に酷であると感じています。現代では大学を卒業して社会人になり、そのまま実家で両親と同居している若者ですら、給料の全額を家に入れるということは稀であると思われます。そんな現代において、わずか一六歳のAに母親Bの扶養という重たい荷物を背負わせてしまうと、彼の今後の人生の選択の幅を大きく制限してしまうことにならないでしょうか？　Aはもしかしたら高校に進学したかったかもしれないし、アルバイトで稼いだお金を使って資格を取るために専門学校に行きたいと考えているかもしれません。しかし、世帯単位原則の下では、そのような目的のために自由に使えるお金はAの手元には残らないのです。

このような厳しい運用を行った結果、この世帯はその後どうなっていくのか。私の経験では、多くの場合、このような立場に置かれたAは、生活保護の枠の中に閉じ込められることを嫌って、家から出ていってしまうのです。つまり、家族の助けあいを期待して法律の中に置かれたはずの世帯単位原則は、むしろ逆に家族を解体する方向に作用している、という実態があるのです。これはなんという皮肉な現実でしょうか！

第3章の「求められる自助努力 その三」で詳しく述べるとおり、生活に困窮した者は生活保護の利用に先だって、まず親族からの援助（これを「扶養」と呼びます）を受けられるよう努力すべきとされています。そして、親族の扶養義務がどのような場合に、どの程度発生するのかという問題は、生活保護ではなく民法のルールに従って決定されることになります。そこで、この民法のルールについて見ていくと、親族の中でも特に親密な間柄である「夫婦がお互いに相手を支え合う義務」と「親が自分の未成年の子どもを養育する義務」の二つが、最も強い法的な義務（これを「生活保持義務」と呼びます）とされています。この際、特に注意しなければならないのは、後者との関連で「未成年の子どもが自分の親に対して負う義務」はさほど強いものとはされていないという点です。したがって、先ほどの例でいえば、仮にBの生活保護利用開始時点でAが既に親元を離れていたとしたら、AがBに対して負う民法上の扶養義務はさほど強いものではないのです。

ところが、この事例のように生活保護開始の時点でたまたまAがBと同居していたとすると、世帯単位の原則が適用されるために、AとBは互いに「一片のパンをも分けて食べる」ほどに強く支えあわなければならない間柄（自分の収入のほぼ全部を家計に入れなければならない関係＝生活保持義務関係）に立たされてしまうわけです。つまり、世帯単位原則は、親子・夫婦・兄弟といった間柄の内実とは無関係に、「同じ世帯で暮らしている」という客観的な事実だけで適用されてしまいます。民法上は「BがAを養う義務」と「AがBを援助する義務」は厳格に区別されているのですが、AとBが同居していて一緒に生活保護を受けると、世帯単位の原則によってこのような民法のルールが完全に無視された形になっているのです。

生活保護の世帯単位原則は、現代の家族の実態に合わせてもっと柔軟な形に変えていくべきで、たとえばこの事例のような場合は、仕事をしているAを生活保護からはずしてBだけを保護するというやり方があってもよいのではないかと思われます。

(3)「自立の助長」を目的とする制度であること

生活保護法一条は、法律の目的として「最低限度の生活の保障」と「自立の助長」の二つを掲げています。前者についてはこれまでいろいろな角度からお話ししてきましたが、後者の方はちょっとわかりづらい言葉ですね。そこで、本節ではこの「自立の助長」の方に焦点を当てた解説をしてみましょう。

生活保護法の「自立」とは何を意味しているのか

皆さんは「自立」という言葉を聞くと、「経済的に一人立ちする」というイメージを思い浮かべるかもしれません。たしかに親の庇護を受けていた若者が仕事に就いて経済的に独立するということも、「自立」のひとつの場面といえるでしょう。しかし、生活保護制度がいう「自立」は、そのような狭い意味の言葉ではありません。

たとえば、長い間病気で苦しんでいる患者がいるとき、適切な治療をしてくれそうな医療機関を紹介して病気が快方に向かうよう援助することも「自立の助長」だし、身体機能の低下で日常生活に不自由を感じている高齢者のところにホームヘルパーを派遣して、快適で安心できる生活を送れるようにすることも「自立の助長」です。あるいは、高校の入学金を工面できずに困っている母子世帯のために、社会福祉協議会で行っている貸付の制度を紹介することも「自立の助長」です。要するに、「自立の助長」とは、ある人が望んでいる「その人らしい生活」をイメージして、できるだけそれに近づけていけるように働きかける活動のすべてを指しています。「お金を稼いで生活保護から脱却すること」だけが「自立」ではない、ということです。

多くの場合、このような援助活動は「お金の支給」ではなくて、福祉事務所の担当者（ケースワーカー）が「言葉」によって行う支援という形をとります。つまり、利用者の訴えに丁寧に耳を傾けて、「今何に困っているのか」を的確に判断し、それに対して必要な情報を提供したり、有益な助言を与えたりといった相談業務のことを称して、「自立の助長」と呼んでいるわけです。生活保護法がわざわざこのような業務を法の目的のひとつとして掲げたのは、一体なぜなのでしょうか？

生活に困窮している人は、それまでの人生で遭遇した様々な艱難に疲れ果て、身近に相談できる友人もおらず、呆然自失の状態でひっそりと身を潜めるように暮らしていることが多いから、ケースワーカーはただ単にお金を渡すだけではダメで、生活全般にわたって利用者からの訴えに丁寧に耳を傾けていかなければならない、という考え方が法律を制定した人の頭にあったのだと思われます。そして、生活保護法が制定された一九五〇年当時における生活困窮者の境遇は、実際にそのような状態に近かったのかもしれません。

「自立」へ向けた支援を専門に行う窓口は他にもある

しかし、現代においてこのように「金銭給付」と「相談業務」を常にワンセットで提供するという仕組みを維持することが妥当なのかについては、あらためて考え直してみる必要があると私は考えています。そして、このことについて、私は別の論文の中で、次のように説明しています。(6)

たとえば、生活保護を利用する世帯の児童が不登校になったとき、生活保護担当ケースワーカーは児童の親が訴える不安に対応していろいろな助言を与えるでしょうが、最終的に最も頼りになる存在は児童相談所の児童福祉司や市役所の子ども家庭支援課の児童担当ソーシャルワーカーなど、要するに「その道のプロ」の人たちです。このとき、生活保護利用中の世帯であるからといって、これらの専門家を紹介することなく生活保護ケースワーカーが全部自分のところだけで対応してしまったとしたら、それこそ許されざる「差別」ということになるでしょう。また、これらの専門家に橋渡しするまでの「案内業務」のことを指して「自立の助長」と呼ぶのなら、わざわざ生活保護法の中に規定するまでもなく、市民と直接かかわる窓口現場ならどこでもやっている、公務員のごく普通の日常業務のひとコマにすぎないということになるでしょう。

つまり、生活保護法が制定された当時の日本の福祉関連サービスの整備状況というのは、現代とは比べものにならないくらい乏しく遅れたもので、生活困窮者が抱える課題については（経済的な問題以外も含めて）すべて担当ケースワーカーが一人で背負い込まなければならない状態だったと考えられます。だからこそ、先に述べたような「生活保護の仕事はお金を支給しているだけではダメだ」という法律の規定につながったのでしょう。

しかし、現代においては経済的な困窮以外の問題については、それらの相談に対応する各種の専門機関（たとえば高齢者の介護の問題に対応する「地域包括支援センター」のような）がかなり整備されてきているので、これらの機関が低所得世帯・高所得世帯の区別に関係なく、すべての市民を対象として専門知識を駆使した支援を展開してくれています。このような中で、依然として生活保護ケースワーカーが「生活保護利用世帯の自立は私が支えていくのだ」と身構えていたのでは、利用者にとって私生活への過剰な介入と受け止められるだけで、かえって生活保護の敷居が高くなってしまうのではないでしょうか？　つまり、生活保護は「金銭の支給」という本来の仕事に専念するべきで、それ以外の相談業務は各分野の専門機関に委ねていく方が、はるかにスマートで利用しやすい制度になるということです。

利用者の権利を侵害してしまう危険性

また、生活保護の担当職員が金銭給付を行いながら自立に向けた支援も行っていくという仕組みのおかげで、ときとして重大な権利侵害を生む危険性も伴います。たとえば、生活保護の相談のために福祉事務所の窓口を訪れた人がパートで働いていて、その収入が生活保護基準よりもわずかに低いレベルである、という場面を想定してみましょう。このとき、本人の年齢が若く、就労に向けた意欲も十分に高いと面接相談員が感じた場合には、「あなたの世帯の保護基準と今の収入との差はごくわずかですから、ここはあえて保護を利用することを我慢して、自力でもうひと踏ん張りした方がよいでしょう。その方が長い目で見たときには将来の自立への近道となるはずです」という助言をして、保護の申請を思いとどまらせてしまうことがあるのです。このとき、相談員の脳裏には、いわゆる「水際作戦」のような悪意で申請を抑制しようとする意図はなく、相手の将来の「自立」を心から憂慮するあまり、そのように助言したのかもしれません。しかし、これがいかに善意に基づく助言であったとしても、客観的に見ればこのような窓口対応は、保護基準と収入との間の差額（それがたとえ少額であったとしても）の保護受給権を剝奪する、違法な対応であるといえます。そして、残念ながら日本の多くの生活保護実務の現場では、このような対応がごく日常的に見られるといわれています。私がここで強調したいのは、このような違法な対応を生み出す原因が、生活保護が「自立」を目指す福祉的な援助の一環として実施されるという、制度の構造そのものに由来しているという点なのです。

結論――「自立」はすべての市民にとっての目標である

先に述べたとおり、七〇年以上前にこの制度を創設した関係者の頭の中にあったのは、生活保護を利用する世帯は「すべてを失って、社会の中で孤立している人たちである」という固定観念であったと思われます。生活保護制度の利用者が「少数の例外的な人々である」という決めつけが根底にあるから、特別な「伴走者」としての「生活保護ケースワーカー」の存在が不可欠である、という結論になるのです。そして、今となってはこのような法律の前提自体が生活保護を不当に狭い空間に追い込む原因となっているように思えます。

本来、人間の「生活の質の向上」に向けた「自立の助長」の働きかけは、所得の多寡に関係なく、すべての人に向けられた普遍的なサービスであるはずです。したがって、それは政府が一手に引き受けて解決していくような性質の問題ではなく、幅広い市民同士の自然なつながりを通じて向上させていくものなのではないでしょうか。それにもかかわらず、これまでの考え方ではこのような本来親密な人間関係をベースにした支援であるべきものも含めて「政府vs.個々の市民」という生活保護の構図の中に押し込めてしまっていた点が、大きな誤りであったのだと思います。

今後の制度改革では、このように法律自身が入口のところで利用者を厳しく限定していることを変えていかなければならないと思います。このことも第3章で検討していくことにしましょう。

(4)「国民」が指す範囲

政府の考え方――生活保護を利用できるのは「日本国籍をもつ人」

生活保護法一条は、この制度の対象者について「生活に困窮するすべての国民」と規定しています。この「国民」の意味について、政府は「日本国籍をもつ者」というふうに解釈しているため、外国人は生活保護の利用資格がないとされています。とはいっても、これには一定の例外があって、第二次大戦終結前から日本に住んでいる在日韓国人や日本人と結婚している外国人のように、日本での永住資格・定住資格を得ている者については、日本国籍がなくとも生活保護の利用が可能とされています。逆に言うと、仕事をするために日本にやってきた外国人労働者や、日本の大学・専門学校などで勉強している外国人留学生などは、どんなに生活に困窮しても生活保護の対象にはならないということです。

このような区別を設けている制度の根底には、就労とか留学といった目的で滞在している非定住外国人は、永住者などと違って日本社会との結びつきが弱く、生活に困窮した場合には母国に帰るか本国政府や親族から支援を受ければよい、という考え方があるのでしょう。また、就労ビザで入国した人に生活保護を適用してしまうと、「仕事で稼いで一旗揚げよう」と考える発展途上国の人々が一斉に日本を目指すようになって、不法就労や不法滞在を助長することになりかねないという懸念を政府が抱いている、とも考えられます。

「国民」とは「日本に定住する人」

しかし、労働者が国境を超えて移動することがごく当たり前のこととなった現代においては、社会保障制度の適用についても外国人と自国民との間の差別をできるだけ解消していこうというのが、国際社会の大きな流れです。事実、一九九〇年に国連で採択された「移住労働者とその家族の権利保護に関する条約」はその後多くの国が批准（条約に従うということを国際社会で宣言すること）しており、それらの国においては税金による扶助を含む社会保障制度を非定住外国人に対しても適用しています（二〇二二年現在、日本はこの条約を批准していません）。

考えてみれば、外国籍の人であっても、日本で生活している以上、仕事をする、税金を納める、買い物をするといった具合に、何らかの形で日本の経済活動と接点を持ち、これに貢献し、私たちと共にコミュニティを形成する一員となっているわけです。そのような彼ら・彼女らが「日本国籍を持たない」ということだけで生活保護の利用から排除されるというのは、やはり不合理な差別であるように思えます。(7) つまり、生活保護法一条の「生活に困窮する国民」という文言は、「日本国籍を持つ者」という意味ではなく、「日本で生活する者」というふうに解釈するのが自然なのではないかと思われます。不法就労や不法滞在をなくすことはたしかに重要な政策課題ですが、それは生活保護の適用とは切り離して考えるべき問題でしょう。

第3章　生活保護をもっと利用しやすくするための提言

生活保護は国民が困窮状態に陥った場合の「最後の砦」ともいうべき大切な役割を担っているはずなのに、前章で述べたとおり、利用資格が厳しく制限されていることや、保障される生活水準が十分なものでないこと、そして利用に至るまでの要件審査の基準があいまいであるといった、多くの問題を抱えています。そしてその結果として、期待された機能を十分に発揮できずにいるのです。考えてみれば、この法律が制定されてから既に七〇年以上が経過して、この間に私たちの生活は大きく様変わりしているにもかかわらず、法律の大枠は制定当時のままなのですから、生活保護が時代遅れで使いづらいものになってしまうことは無理もないことだともいえます。つまり、生活保護は現代社会にマッチした形へと根本的に「リニューアル」されるべきなのです。

そこで、本章では私が考える生活保護制度改革論（さらには低所得者施策全体の再編論）のほんの一端を提示してみたいと思います。

1　生活保護基準のあり方について

(1)　生活保護基準が引下げられる局面の中で

二〇〇五年度までは、生活保護基準の中に「老齢加算」という項目があって、七〇歳以上の者については それ以下の年齢層にはない基準額への上乗せが行われてきました。この老齢加算の趣旨については、高齢になると消化のよい食品を選ばなければならなくなること、若年者と比べて体温の調整が困難で暖かい衣類が必要になることなどの支出の増加に対応するため、と説明されていました。

ところが、その後の政府の各種調査の結果、この老齢加算分を加味した七〇歳以上の生活保護世帯の消費支出水準が、保護を受けていない同じ年齢層の低所得世帯のそれよりも高くなっているという逆転現象が見られることが指摘され、結局老齢加算は段階的に廃止されて、現在に至っています。また、高齢者世帯に限らず、すべての世帯の生活保護基準が二〇〇〇年代のデフレ（不況によって物価が下がる現象）を理由に少しずつ切り下げられています。

(2)　社会全体の生活レベルが下がったら、保護基準も下がるのか？

このような生活保護基準の切り下げ措置は、制度を利用する側から見れば、「健康で文化的な生活水準」と言われてきたそれまでの暮らしから、さらに低いレベルへと押し下げられることを意味するわけですから、「では、これまでの『最低限度』とは一体何だったのか？」という疑問を残すことになるでしょう。

そして、このような疑問に対しては、一応次のような答えが用意されます。すなわち、生活保護というのは国民が納める税金によって運営されているのだから、労働力人口が減少する局面とか、コロナ禍の影響などで日本全体が低成長期に入って、人々の暮らしのレベルが下がっていく局面に至ったならば、生活保護利用者だけが既得権にしがみつくように「一円たりとも保護基準の引下げは許さない」と主張するのは単なるワガママである、と。このような考え方はおそらくかなり多くの日本人の間で、半ば「常識」のような感覚で共有されているようにも思われ、なおかつ一見すると第2章の４で紹介した相対的貧困論とも相性がよさそうにも見えます。

(3)　相対的貧困論とは異なる、新たな判断の枠組みが必要

しかし、貧困ラインが社会全体の動向に合わせて変化するという相対的貧困論の考え方は、社会全体が右肩上がりで豊かになっていく「上昇局面」においてうまく機能するものであって、昨今のような経済の「下降局面」でこの考え方をあてはめてしまうと、誤った結論を導く可能性があります。そして、これまでの生存権をめぐる議論の中では、このような保護基準の下降局面での基準引下げの限界について、客観的な指標を設定する試みが不足していました。そこで、私は別の論文で、次のような考え方を提示しています(8)。

生活保護においては、「個人の自己決定の尊重」とか「個人の尊厳を大切にした支援」といっ

た金額の算定以外の「制度のあるべき姿」の議論では、いったん形成された合意は、その後容易に後退させられないという性質があります。たとえば、全日制（昼間部）の高校に通学しながら生活保護を利用する権利（言い換えると、福祉事務所から「高校を辞めて働きなさい」と指示されない権利）というのは、かつての日本では認められておらず、中学校卒業後に保護世帯内に残る場合には「就職」以外の選択肢がありませんでした。しかし、その後日本全体の高校進学率が上昇していくなかで、生活保護世帯の児童だけに高校進学の自由を認めないのはおかしい、という批判の声が高まり、現在は生活保護世帯内に留まりながら全日制高校に進学することが認められるようになっています。そして、このような児童の「生き方の自由」に関する規範意識は、生活保護基準の（お金の）引下げの問題とは違って、いったん形成された「最低限度」のラインが、その後も頼るべき判断のモノサシとして機能しつづけていくのです。したがって、仮にこの「世帯内高校進学」のような一度確立したルールを、「社会全体の生活水準が低下したから」という理由で再び後退させてしまったとすると、制度利用者が裁判に訴えた場合には「憲法違反である」という判決が示される可能性が高いと思われます。

そうであるとするならば、仮にこの高校生が生活保護世帯内で就学を続けられないほどに生活保護基準額が引下げられてしまったならば、そのような措置は「これ以下の生活レベルであってはならない」という絶対的な最低限度のラインを下回ったことになるのではないでしょうか。

以上のように考えると、社会全体の暮らしが下降局面に入りつつある今こそ、「人間らしい、まともな生活」の具体的な中身を確定していく作業が重要になっているといえるでしょう。そして、その際には政府の統計データに基づいた専門家の議論に任せきりにするのではなく、ごく普通の市民の生活感覚を取り入れたオープンな議論の場を設けていく工夫が求められます。

2　「最終的な生活保障手段」という考え方の再検討
――保護に先行する「自助努力」の見直し

第2章では、生活保護が「最終的な生活保障手段」であるということを確認し、この点こそが他の社会保障制度と比べたときの生活保護の顕著な特徴であるとも述べました。そして、年金等の社会保険との比較の観点からこのことを解説しました。本節では「資産」や「就労」といった文字通りの「本人の努力」の部分に焦点を当てて考えてみたいと思います。

(1)　過剰な「自助努力」が生活保護を遠ざける

日本の法律の「自助努力の要求」の程度は、厳しすぎるのではないか?

繰り返し述べたとおり、生活保護を利用するためには、まず自分が持っている資産を売却するとか、自分でできるだけ働いてお金を稼ぐよう努力するなど、「生活保護の前に、まず自分でできることをやる」という大原則が置かれています。これは常識に照らしても当然のことと考えられるし、このような原則自体は他の国の類似の制度の中にも見られ、おおよそ万国共通の普遍的なルールといえるでしょう。

しかし、この「まず自分でできるだけ頑張ってみる」という自助努力をどの程度まで求めるのかという具体的な中身が問題で、この点では日本の生活保護制度は世界中で最も厳しいグループに属するのではないかと思われます。このような形で保護の利用をできるだけ抑制していこうとする考え方は、しばしば日本人特有の「恥の文化」とか「勤勉の美徳」といった、ポジティブな言い方で説明されることがありますが、はたして本当にそうなのでしょうか？

生活保護の利用開始が遅れてしまうことから生じる問題

私が福祉事務所で相談業務に従事していた頃、初めて生活保護の相談に来た方の訴えを聞きながら、「なぜ、もっと早く相談に来なかったのですか？」という驚きや嘆息の言葉が思わず口をついて出てしまったことが、一度や二度ではありませんでした。生活保護による支援を受けるタイミングが遅れてしまうと、たとえば次のような大きな生活上のダメージにつながる場合があります。

① お金がなくて国民健康保険の保険料を支払えず、何年間も医者にかかることを我慢していると、すぐに入院して手術を受けなければならないくらいに病状が悪化してしまう。

② 仕事を失った後、親族や友人から借金を重ねた末に、返すあてがないまま「ヤミ金融」からお金を借りてしまうと、その後はその返済の督促に怯えながら暮らすことになる。

③ 家賃を払えなくなってアパートを退去し、ホームレスになってしまうと、自尊心や生きる望みをすべてなくすこともある。

①については、保険料の支払いが困難になった段階で速やかに生活保護の相談に行けば、生活

保護の医療扶助を利用してすぐに病気の治療を開始することができるので、その後の生活の立て直しはもっとスムーズな形で進むでしょう。

②のような経過をたどると、その人は借金を重ねてきたことで親族や友人などの大切な人間関係を失って再就職が難しくなります。また、ヤミ金融からお金を借りたことがその後の社会活動を大きく制約してしまう可能性もあります。そして、この場合も早い段階で生活保護の利用につながっていれば、借金地獄に陥ることも防止できたはずです。

③のような人は、住まいを失って登録がなくなることにより再就職が困難になる可能性もあります。こうして職場や地域などあらゆる社会的なつながりを失ってしまうと、最後は生きる希望すらなくしてしまうかもしれません。しかし、このような人も早い段階での生活保護の利用につながっていれば、もっと違った展開になる可能性があります。

このように、生活保護を利用する前に「自分の力で頑張ってみる」という制度上の原則は、その要求が過度のものとなると、「美徳」どころか貧困から抜け出す力を人間から奪ってしまう結果になるのです。そして、生活保護がそんな制度にならないようにするためには、求められる自助努力の中身について、一般の市民にわかりやすく、また内容的にも納得がいくような基準を設定して、この基準をいつでも、誰でも自由に閲覧できるようにしておくことが必要です。このようにしておけば、生活に困窮した人が必要以上に我慢を続けて制度利用のタイミングを逃してしまうという事態も防げるわけです。

そこで、生活保護の前に求められる自助努力の具体的な内容について、私自身の考え方をもう少し詳しく述べてみたいと思います。これはある意味で「人間の生活を支える要素」をあらゆる角度から点検していくという、非常な広がりをもつ作業となるため、以下では特に重要な三項目に的を絞って簡潔に整理してみたいと思います。

(2) 求められる自助努力 その一――資産の活用

高額な資産を手放さなければならない理由

ひと口に「資産」といっても、非常に多様な種類の物が考えられますが、生活保護申請中の人や利用中の人が保有している資産のすべてについて、それを売却して生活費にあてなければならないということではありません。たとえば、食器とか家具といった日々の暮らしで既に使っている（しかも、売ったとしてもほとんど値段がつかない）ものまで手放す必要がないことは、常識から考えても当然でしょう。

しかし、制度利用者側から見たときには、売却処分を指示されるのかどうか予測しづらい「微妙な」カテゴリーの資産が他にたくさんあることは事実で、このことが制度の利用をためらわせる一因となっていると考えられます。たとえば、「高級車」とはいえない古い型の自動車とか、広くはないが今実際に住んでいる家などがその代表的なものです。

自動車のような資産に関する福祉事務所の扱いが、利用者から見たときには非常にあいまいで、ときには「気まぐれ」や「意地悪」とすら感じられるようになってしまう原因は、おそらく福祉事務所が「世間の目」というものを非常に気にかけているからではないかと思われます。たとえば、生活保護を利用していない一般市民（特に低所得層の人々）から見たときには、自分の家に自動車のような高額な資産がない場合、「あの人は生活保護を受けているのに、〇〇を持っている」という妬みや反感につながりやすく、このような不満が生活保護制度の運用に関する批判として行政機関に向けられることがあるからなのです。生活保護が国民の納める税金によって運用されるものである以上、行政としてはこのような「納税者感情」を完全に無視することはできず、保有が認められる資産の範囲についても、誰もが納得するような「貧者にふさわしい、つましい暮らし」に押しとどめようとする力が働くわけです。

あいまいな感情論に流されてはいないか？

しかし、この場合の「世間の人々」とは一体誰のことを指しているのか、また「納得していない」ことをどうやって確認するのか、といった肝心の点は不明なままで、結局「市民から批判が出ないように、少し厳しめに引き締めておこう」といった具合に、安易な逃げ腰の判断に流れてしまっている場合が多いのではないでしょうか。もちろん、この場合でも法律の中に「〇〇については、売却処分する必要がない」といった形で明記してあるのならば、このような紛争を防ぐことはできるでしょう。でも、自動車がその地域でどの程度普及しているのかとか、自分名義の家や土地に住んでいる人がその地域にどのくらいいて、どの程度の広さが一般的なのか、といった事柄は地域間の格差が非常に大きい問題なので、あらかじめ全国共通の判断基準を設定しておくことは難しいのです。

「高額かどうか」よりも「生活に必要かどうか」

私はこの問題を考える際にも、生活保護制度の原点である「健康で文化的な最低限度の生活の保障」という視点に立ち返る必要があると思っています。つまり、保護を利用していない一般市民が「レアな品物、自分が持っていない物」といった感情的な反発を抱くかどうかではなくて、生活保護利用者自身にとってその物品が最低限度の生活水準の維持のために必要なものであるか（たとえば、日用品の買い出しの際に自動車がないと困難である等）の観点から、個別具体的に判定するということです。したがって、同じ物品であっても、ある場面では「売却指導」となり、別の場面では「そのまま持っていてよい」とされるなど、利用者が置かれた状況によって結論が異なる可能性がありますが、「そのように判断した」ことの根拠を利用者本人はもちろんのこと、対外的にも（もちろん個人情報は伏せて）明らかにしておくことが重要であると思われます。このような形で福祉事務所の判断過程の客観性・透明性を保っておけば、申請者・利用者にとっても予測が立てやすいものとなるし、「先例と比べて不公平ではないか」と思える扱いを受けた場合には、福祉事務所に対して抗議をすることが容易になるでしょう。

居住用不動産の扱い

資産の中でもとりわけ土地・家屋などの不動産の取り扱いにおいては、さらに難しい問題を伴います。保有する不動産を担保にして社会福祉協議会から貸付を受ける制度が二〇〇七年からスタートしたからです。つまり、不動産については「売却」や「人に貸して賃料を得る」といった従来からの活用法に加えて、「担保供与」という新たな選択肢が加わったことになります（コラム④参照）。しかし、この担保供与制度の運用法に関して国が示している基準に従ったのでは、不動産の相続人の権利との衝突という、生活保護法とは別個の問題を引き起こしてしまいます。そして、この問題についてどのような整理を行うかという点が未解明のまま残されていました。

そこで、私の研究では、不動産をめぐって新たに発生したこの問題について、生活保護の補足性（本人の資産や収入の不足分を補うという方法）と民法に規定された相続人の権利との間のバランスのあり方について、一定の方向づけを行っています。[9]

(3)　求められる自助努力　その二――働いて収入を得ること

「働けそうだから」という理由だけで排除されない

生活保護に先立つ自助努力の中で最も基本的・中心的なものは、この「就労収入を上げること」でしょう。この原則は、繰り返し述べるとおり「働かざる者、食うべからず」という人間社会に深く根ざす道徳感からくるものなので、この原則自体を否定し去ることは困難です。

しかし、これに関してまずしっかりと押さえておかなければならないのは、働いて収入を上げる努力をすることが生活保護利用の前提条件とされているのではなく、生活困窮状態に陥った人はまず生活保護によって安定した暮らしを取り戻すことが優先されるべきだという点です。つまり、働く能力がある人であっても、実際に生活に困窮したときにはまず生活保護が開始されて、その後に仕事を探しはじめることになるのであって、「働けそうなのに仕事に就いていないから、保護を利用できない」ということにはならないのです。この基本的な順序について誤解している人が福祉事務所の職員の中にもたくさんいるので、ここであらためて強調しておきたいと思います。

就職活動を頑張ったが、就職できなかった場合

求職活動中の人が若く健康で、「早く仕事に就きたい」と望んでいたとします。しかし、自由競争を基盤とする社会においては、企業の側も利益を上げるために最もふさわしいと思える人物を選ぶ権利があるわけですから、本人の「やる気」や「努力」が常に就職という結果に結びつくとは限りません。このように自由競争社会においてはある程度の割合の失業者の存在は避けられないので、生活保護制度ははじめからこのようなことを想定しつつ、高齢者であっても若年の失業者であっても、とにかく生活に困窮した人なら誰でも平等に利用することができる、という原則を打ち出したと考えられます。

「将来に向けて力を蓄える」場面

とすると、次に考えなければならないのは、「仕事を探す努力」の具体的な中身です。履歴書を作成してはりきって会社の面接試験に臨んだが「不採用」の通知が来てしまったという場合には、一般的には「努力をしている」と評価されることになるでしょう(10)。では、「今は力を蓄えるとき」とばかり、何か資格や技術を身に付けるために職業訓練校に通う、というやり方はどうで

しょうか？　これも本人の年齢や能力・適性などによっては、認められる場合があるでしょう。つまり、「就職」は必ずしも「今すぐ」の行動である必要はなく、場合によっては「将来の予定」であってもよいということです。

近年、長期間にわたる「引きこもり」状態の若者（および中高年者）の増加が大きな社会問題となっています。このような人々は、収入のある親と同居している間は、先に述べた「世帯単位の原則」によって生活保護の利用者として登場することは稀ですが、やがて親が亡くなって一人暮らしになったときに初めて無職・無収入の生活困窮者として福祉事務所の相談窓口を訪れることになります。そして、彼ら・彼女らは身体的に見るとさほど深刻な病気や障害をもつわけではなく、また意思疎通の点でも特に問題がないと見られる場合が多いので、「仕事を始めるよう努力してください」という指示を受けることになる可能性があります。

しかし、彼ら・彼女らが「今すぐ」仕事を開始することは、現実的には難しいでしょう。このような場合には「将来の就職に向けた準備作業」から始めるのが一般的であると思われますが、その場合の「将来」というのは、先に述べた職業訓練校に通う人にとっての「将来」よりも、もっと長いタイムスパンでとらえた「未来」ということになるでしょう。そこでは、たとえば人とコミュニケーションをとるためのソーシャル・スキルのトレーニングや、本格的な社会生活のための「慣らし」の期間としてボランティア活動に参加することなどが提示されるかもしれません。

このように、生活保護を利用する際に求められる「仕事に向けた努力」の具体的な中身は、本人の精神的・身体的条件やその時代の社会的・経済的環境によってかなり幅のあるものとなるので、実際に就職を目指すタイミングまでの時間とか、今取り組んでいる準備活動と将来の就職との関連性の濃さといった点には、個人差があってよいのだと思います。

このように考えると、生活保護における「働いて収入を得る努力」というのは、制度利用者の側が福祉事務所の提示した条件に従うといった、昔ながらの「指導・指示」の構図でとらえるよりも、むしろ「本人が頑張れそうな目標」とか「その人にとって最適な環境」を行政機関の側が提案する責任ととらえた方が実態に即しているように思えます。現代の生活困窮者が置かれた多様で複雑な状況にマッチした形で就労支援を展開していくためには、旧態依然とした一方的な「指示」だけでは足りないからです。そして、このようにして本人と話し合いながら長期的な目標を描いていく作業というのは、金銭の支給を本来的な業務とする生活保護のケースワーカーにはとうてい担いきれない極めて専門性の高い仕事ですから、利用者の抱える問題ごとに選定された公的機関が中心になっていくべきと思われます。たとえば、先にあげた引きこもりの若者であれば、ハローワークなどに併設されている「ジョブカフェ」が、この役割を担っていくことが考えられます。

(4) 求められる自助努力 その三——親族からの援助を求めること

親族からの援助をめぐって起きた論争

生活に困窮する人がいるときに、その人の親族がなんとかして支えなければならないということは生活保護以前の基本的なルールであって、そのことは民法の中に規定されています。

しかし、ひと口に「親族」といってもその範囲はかなり広く、普段ほとんど顔を合わせる機会がない疎遠な間柄であっても、系図をたどっていってある日突然「親族」とされてしまう可能性があります。でも、自分と血縁関係のある人がどこかに暮らしているというだけで（そして、その人が高所得者であるからという理由で）、本当に本人の生活保護の権利に影響するものなのでしょうか？

以前、ある有名お笑いタレントの母親が一人暮らしをしながら生活保護を利用しているという事実が大きく報道され、母親自身と彼女の生活保護を担当してきた福祉事務所、そして彼女の息子であるお笑いタレントが、一部のマスコミや政治家から厳しい批判を受けたことがありました。つまり、高収入の息子がいることを知りながら漫然と生活保護を適用しつづけた福祉事務所の怠慢さや、自分の母親が生活保護を利用していることを知りながら援助してこなかったタレントの無責任な態度が、世論から叱責を受けることになったのです。

親族からの援助は「義務」ではない

しかし、この出来事について「高収入の息子（ここでは仮にAと呼びます）vs.生活保護を利用する高齢の女性（Bと呼びます）」という、報道されている表面的な情報だけに基づいて語ってしまうことは、大きな危険があります。

図5を見てください。ここであらためて確認しておきたいポイントは、BがAに対して「扶養してほしい」と訴えることは、あくまでもB自身のAに対する権利なのであって、そのことを福

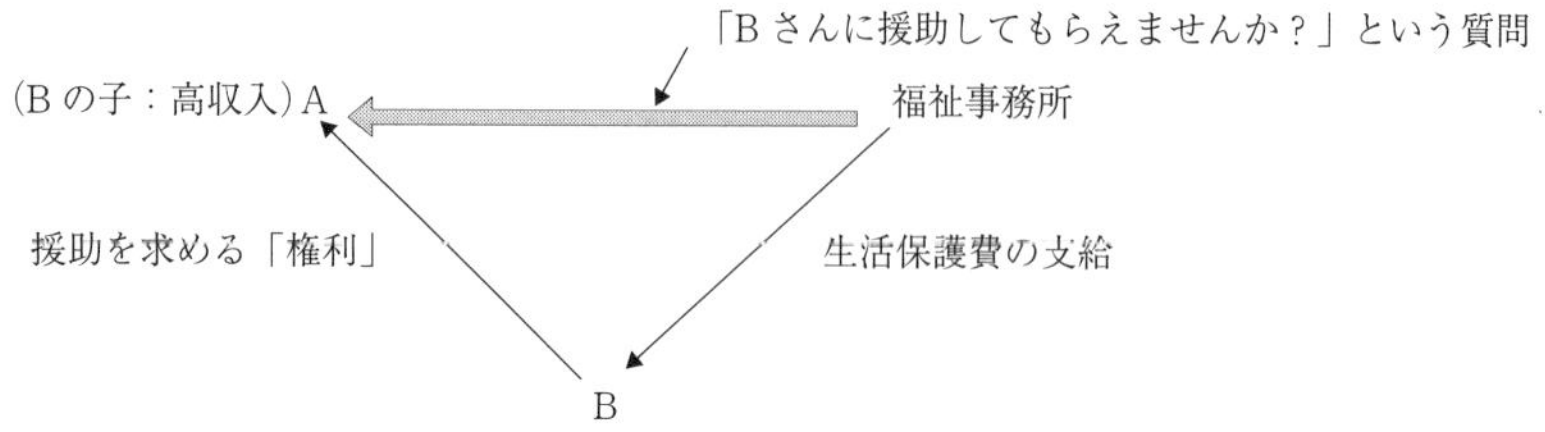

図５　生活保護利用中の者とその親族との関係

祉事務所がＢに対して命じることはできないということです。「権利」というのは、どんな種類のものであっても、それを「主張する自由」と「主張しない自由」の両方を当然の内容として含んでいるので、Ｂが生活保護を利用したとたんに「息子に扶養を求める権利」が「扶養を求める義務」に変異してしまうということはありえません。ＡとＢのこれまでの関係がどのようなものであったのかは第三者には知る由もありませんが、二人の過去の経緯がどのようなものであったにせよ、Ｂが「Ａからの扶養は受けたくない」というふうに考えたのだとすると、福祉事務所を含む第三者がその結論をくつがえすことはできないのです。

　とはいえ、ケースワーカーがＢに対して「Ａさんとの間で扶養に向けた話し合いをしてみてはいかがですか？」というふうに水を向けることはありうるし、福祉事務所がＡに対して「Ｂさんに援助していただくことはできませんか？」と問い合わせをすることもあります。しかし、これらはあくまでも「Ｂに対する助言」や「Ａに対する質問」にすぎないのであって、決してＢやＡに対する命令ではないのです。そして、残念ながら現実にはかなり多くの福祉事務所において、これらの働きかけがＢやＡに対する「命令・強制」に近い形で行われている実態があって、このことが人々が生活保護の利用をためらうひとつの原因になっていると考えられます。曰く、「福祉事務所から自分の親族に連絡がいって、『なぜ援助をしないのか？』と親戚がケースワーカーから責められるのが怖いので、生活保護の利用を躊躇してしまう」といった感覚です。

多くの場合、親族からの援助は期待できない

私自身の経験に照らすと、生活に困窮する人から見て近い関係にある親族が「高所得者」であるということは稀で、多くの場合には親族自身も「自分の生活で精いっぱい」という状態にあると思われます。つまり、先ほどのお笑いタレントのようなケースは、現実にはほとんど存在しない例外的な事例ということです。しかし、このような事例がマスコミで大きく取り上げられると、生活保護制度と接点を持たない一般市民の間では、あたかも生活保護利用者の多くが身勝手な親族によって放置されている「気の毒な人々」であるかのような偏ったイメージが定着してしまうのです。これでは本当に生活に困った人が「自分の親戚までが世間の冷たい目にさらされるのは耐えられない」と感じてしまうのも無理はありません。

ケースワーカーごとの考え方の違いも大きい

生活保護における親族扶養の扱いについて考える際に、非常にやっかいな問題として立ちふさがってくるのが、制度の運用にあたる現場のケースワーカーの意識のあり方です。つまり、ケースワーカーの間でこの点に対する考え方に大きなバラつきが存在するという事実です。親族同士

がどの程度助け合っていくべきなのかに関しては、各人の育った家庭環境やそれまでの人生経験が大きく影響してくるので、同じ福祉事務所で働く職員同士でも意見の食い違いが見られるのです。ましてや制度利用者にとっては、自分が置かれている状況について一体ケースワーカーがどのような判断を下すのかが、皆目見当がつかないということになります。

そこで、私はまず生活保護の現場実務に携わる福祉事務所職員がこの親族扶養の問題についてどのように考えているのか実態を明らかにすることから始めようと考えました。具体的には、東北地方、中部地方等、地理的に隔たった五つの福祉事務所を選定し、そこで働くケースワーカーに私が創作した親族扶養に関する事例を読んでもらい、それに対する回答を聴取するという調査を行いました(11)。そして、この調査結果に基づいて、保護申請前の面接相談の段階で職員の個人的な考え方に基づく申請の選別や振り分けが行われているという実態を指摘し、このような弊害をなくしていくためには福祉事務所内のケース診断会議によって判断の統一性を保つ手続が不可欠であると考えています。

今後の課題――法律の中に明記することが必要

しかし、この問題をより本質的な部分から見直すならば、以下の二つの点に関して生活保護法の条文自体を改正していくことが必要であると思います。それは第一に、生活保護法の中に「親族による扶養の扱いについては、当事者同士の話し合いの結果を尊重する」という明文規定を置いて、福祉事務所が本人の自己決定の内容に必要以上に介入しないように歯止めをかけておく必要があります。第二に、生活保護利用に先だって本人が援助を求めるべき相手方の範囲については、「夫婦相互間と未成年の子に対する親」という限定をしておくべきでしょう（実際、諸外国ではそのような考え方のところが多いのです）。もちろん、それ以外の親族についても、自主的に「援助をしたい」と申し出てくれるのなら、それは望ましいことですが、生活保護に優先して援助を仰ぐべき関係とまではいえないということです。「自助努力」というのは、あくまでも制度利用者自身の力でどうにかできる範囲のことを指すわけですから、「誰かに助けてもらいなさい」という指示自体、これと根本的に矛盾するといえます。

(5)　医療扶助の扱いについて

職業によって所属する医療保険制度は異なる

第2章・5で述べたとおり、日本の生活保護制度の大きな特徴のひとつは、それが「生活丸抱え」的な保障の形をとっている点です。そして、この点に関してとりわけ大きな問題を含んでいるのが生活保護法に基づく医療、すなわち「医療扶助」です。

医療扶助の話に入る前に、まず日本の医療保険制度の概要について簡単に説明しておきましょう。日本では「国民皆保険」の言葉のとおり、すべての国民が年齢や職業に関係なく、なんらかの医療保険のメンバーとなっているというのが建前です。そして、この医療保険制度は、大きく分けると一般企業の社員や公務員などの「勤め人」（サラリーマン）が加入する被用者保険と、主として被用者保険に加入していない人（つまり自営業者や退職者）が加入する国民健康保険

（以下「国保」）の二種類に分類されます。つまり、被用者保険のメンバーは現に会社等で働いて給料をもらっている人（およびその扶養家族）で、しかも多くは一八～六五歳の「現役労働者」の年齢枠の中に入っているわけですから、生活困窮状態に陥るケースは比較的少なく、実際に生活保護利用者の中の被用者保険加入者はごく少数にとどまります。これに対して、国保のメンバーの方は、年齢層や職種が多様で、まったく仕事をしていない人も多く含まれています。したがって、現在生活保護を利用している人に、「保護を利用する直前に加入していた医療保険の種類は、何ですか？」と尋ねれば、ほとんどの人は「国保」と答えるはずなのです。

生活保護の利用が始まると「無保険」の状態になってしまう

ここで注意しなければならないのは、生活保護の利用が始まると強制的に国保から脱退させられてしまうという点です（これに対して、被用者保険の方は、保護利用中もそのまま加入資格が継続します）。要するに、先ほど言った「国民皆保険」には一つだけ例外があって、生活保護利用者の多くは何の医療保険にも加入していない「無保険」の人たち、ということになります。

それでは、国保が生活保護利用者をメンバーから除外しているのは、一体なぜなのでしょうか？　政府はその理由を次のように説明しています。つまり、生活保護利用者は最低限度の生活費しか得られていないのだから、その中から保険料の支払い分を捻出することは困難だし、仮に保険料を支払うことができたとしても、病院での治療後に会計で支払う患者の一部負担金（原則としてかかった医療費の三割）を支払うことはやはり無理だから、結局生活保護利用者については、国保とは別個に生活保護制度内の医療を利用してもらうしかない、という理由です。

しかし、私はかねてから国によるこのような説明は説得力を欠いたものであると主張しており、かつて発表した論文においておおむね以下のような考え方を述べています[12]。

生活保護の中に「医療サービス」まで組み込んでおく必要があるのか？

生活保護利用者は一律国保の被保険者から除外されるという仕組みのせいで、生活保護利用者が病院で治療を受ける際には、様々な制約が生じることになります。まず、生活保護利用者の医療費は福祉事務所が全額（七割ではありません）、税金から支出することになるので、生活保護の患者が初診で病院の受付窓口に行く際には、国保保険証の代わりになるもの（生活保護の医療の利用者であることの証明書、一般には「医療券」と呼ばれています）を提示しなければなりません。でも、夜間や休日などの市役所の窓口が閉まっている時間帯に急に容態が悪くなった場合には、事前に福祉事務所に医療券を受け取りに行くことができないので、医者にかかることが難しくなります。しかも、病院に行く前に福祉事務所に寄って医療券を発行してもらう際には、これから受けようとする治療の内容がその人にとって本当に必要なものなのか、本人が選んだ病院は適切な治療を施してくれるところなのか、といった様々な観点からのケースワーカーの事前チェックが働くことになります。なぜならば、第2章で述べたとおり、生活保護制度というのはただ単にお金を支給するだけでなく、その世帯の貧困の原因となっている問題を解決・軽減していくという「自立の助長」の役目も担っているので、患者が受けようとする治療の中身がどのようなものなのかは福祉事務所にとっても重大な関心事ということになり、その内容や方法にまで介入してくることになるのです。

さらには、保護利用者が「無保険」の状態で放置されていることによる被差別感も深刻な問題です。たとえば、小中学校で校外学習に行く際には、旅先で病気になった場合に備えて担任の先生から「保険証のコピーを持参するように」という指導を受けますが、生活保護世帯の児童は保険証を持たないために、非常に辛い思いをすることがあります。私自身も、母子世帯のお母さんから「子どもにこんなみじめな思いをさせるくらいなら生活保護を辞退したいので、保険証を返してほしい」と迫られたことが何度かありました。

同じ国の医療保障制度でありながら、被用者保険や国保と比べて患者の選択権やプライドがこれほどまでに制限される理由があるのでしょうか？　「低所得である」ということが、このような不利益を受けることの理由になるのでしょうか？

低所得者に対する医療保障制度のあり方について、私は次のように考えています。国保が生活保護利用者をメンバーから排除する現在のやり方を根本的に改めて、既に被用者保険に加入している者を除き、国保はすべての人を所得の高低に関係なしにメンバーとして受け入れるべきだと思います。その結果、生活保護利用者も国保の保険証を使って治療を受けることになりますが、その保険料については全額免除とするか、保険料相当分を生活保護費としていったん支給し、本人がそれを保険料として市役所に納付するのです（ちなみに、生活保護を利用中の六五歳以上の介護保険メンバーは、この後者の方法で対応しています）。また、治療を受けた後の患者の一部負担金については全額免除として、国保の財政から支出するべきでしょう。

繰り返し述べるとおり、生活保護法は生活に困窮する人に対して「お金を支給する制度」であるという位置づけを明確にしていくべきで、それに含まれない「ケースワーク」とか「医療」といったサービスは、所得の高低を問わない一般市民向けの制度の中に統合していくべきなのです。

(6)　一時扶助という仕組みについて

私たちの日々の暮らしを成り立たせている二つの柱

私たちの日々の暮らしは、食材や水道・電気などのように、日々購入と消費を重ねていくものと、家電製品とか家具のように、いったん購入したら長い間使用し、容易に買い換えない物の両方に支えられています。前者をまかなうためには主として給料や年金などの定期的に入る現金収入をあてていますが、後者を購入するためには月々の現金収入だけでは足らずに貯金を切り崩したり、場合によってはローンを組んだりすることが多いでしょう。そして、前者のような支出にあてるための現金収入のことを「フロー」と呼びます（〝フロー〟とは、英語で「流れ」を意味します）。これに対して、後者のような資産のことを「ストック」と呼びます。

つまり、人間の暮らしというのは、フローとストックの組み合わせで成り立っているわけで、このことは生活保護利用中の世帯であっても同じです。なぜならば、食器や鍋、食卓、布団などのストックがなければ「健康で文化的な生活水準」が維持できないからです。たとえば、生活保護利用中の人が住む家が台風に襲われて窓ガラスが破損してしまったとしたら、雨風が吹きこむ部屋では一日たりとも生活できないので、すぐにガラスの補修を行わなければなりません。そして、このようにガラスの補修を行うということもまたストックの一種と考えられ、アパートの家主が補修費用を負担してくれない場合には、「住宅維持費」という項目の生活保護費として支給されます。もちろん、この補修のための費用は一度支出すれば足りるので、修理を行ったその月だけ単発で支給されるものです（このような支給方法のことを「一時扶助」と呼びます）。

つまり、福祉事務所から支給されるお金の中には、食費・光熱費・家賃などのように日々の生活費として支出して月末にはほとんど残額がなくなっているフローのお金と、布団の購入費やガラスの補修費のように一回限りの支出でその後の生活を長く支えてくれるストックの購入・補修のためのお金の両方を含んでいることになります。

ストックのニーズは考慮してもらえない

第2章で述べたとおり、生活に困窮して福祉事務所に生活保護の相談に訪れた人が実際に生活保護の対象に該当するかどうかを判断する際には、その世帯の収入と生活保護基準とを対比することになりますが、ここで注意しなければならないのは、生活保護基準を算定する際にはフローの生活費だけをカウントし、ストックのニーズの方はまったく考慮しないという点です。そして、このようなやり方のために以下のような不都合な結果を生んでいるのです。

図6において、AとBの二つの世帯は、家族構成や家賃が同じであり、したがって生活保護基準も同額であると仮定しましょう。このときAは自分の収入がフローの生活保護基準に届かない

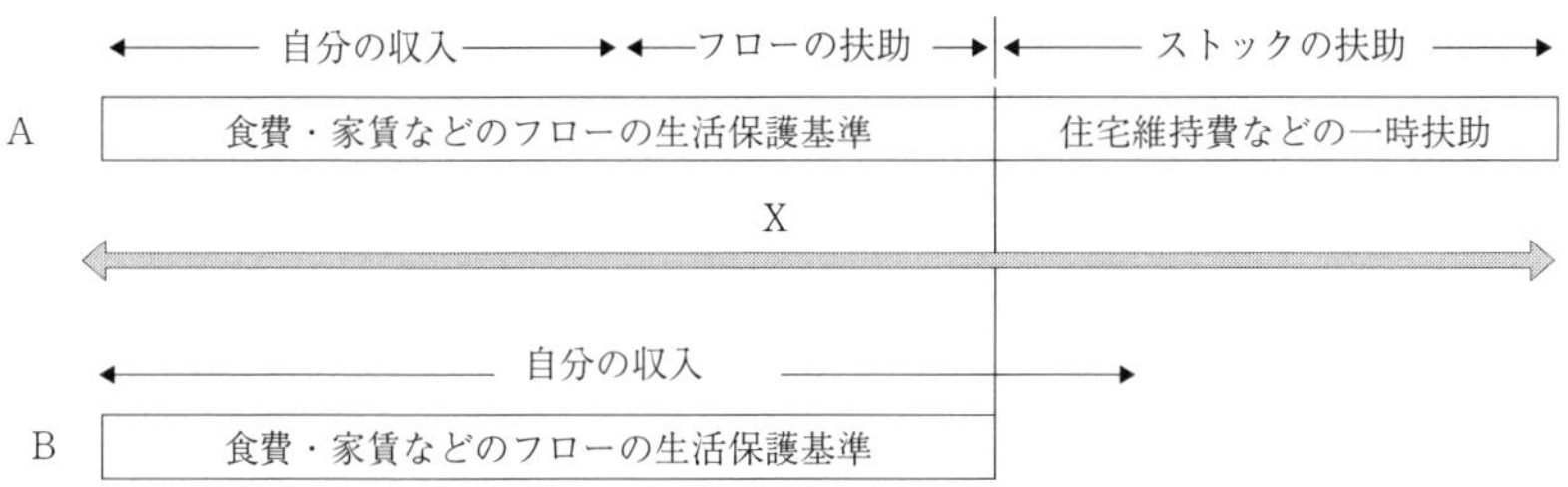

図６　住宅の補修が必要になった世帯への対応

ので、足りない部分について毎月の食費等にあてるためのフローの扶助を受けることができます。そして、生活保護の利用開始後にAの家の窓ガラスが破損した場合には、そのうえにさらにその補修費用としてストックの扶助も受けることになります。つまり、Aの世帯はこの月に限り図のXに相当するお金を使うことになります。

　これに対して、Bは自分の収入がフローの生活保護基準を超えているので、最初の相談の段階で「生活保護には該当しません」と断わられてしまいます。つまり、Bは自分の収入の範囲で生活せざるをえなくなりますが、Aがガラスの補修を行った月について両者を比較すると、収入の低いAの方が収入の高いBよりも多くのお金を使っているという逆転現象が起きるのです。

「台風でガラスが破損するなんてめったにないことだから、そんな例外的なことにまで目くじらを立てる必要はない」という反論があるかもしれません。しかし、この場合のストックの中身をたとえば、「アパートの転宅に必要なお金」に置き換えて考えてみたら、どうでしょうか？　アパートの契約の際に必要な敷金・礼金などの一時金はかなり高額になりますが、これらのお金は「住まいを確保するのに要するお金」という意味で、やはりストックの一種と見ることができます。

そして、生活保護の一時扶助の支給メニューの中には、このような「転宅資金」も含まれているのです。したがって、図6のAについて転宅の必要が生じた場合には、それに必要なお金も福祉事務所から支給されて、ときにはその金額は毎月のフローの扶助の額の数倍にも達することもあります。

これに対して、Bにとってはアパート探しがどんなに切実な課題であったとしても、このことについて福祉事務所から一切金銭的な補助を受けることができません。このようなAとBとの間のアンバランスは、やはり放置しておくことができない問題なのではないでしょうか。

実は、このようなB（特にひとり暮らしの高齢者）からの相談は、福祉事務所の相談窓口にいると、かなり頻繁に寄せられるのです。この場合のBの訴えの内容は、次のようなものです。「私は自分の年金で毎月の生活はできています。だから『毎月生活保護費を支給してください』とお願いする必要はありません。ただ、引っ越しに必要なお金がないのです。貯金を全部はたいても、不動産屋に払うお金にはとうてい足りず、こんな老人にお金を貸してくれる金融業者もありません。せめて転宅に必要なお金の一部だけでもよいから、福祉事務所で補助してもらえないものでしょうか?」

どうでしょうか?　これなら実際に起こりそうな問題ですよね?　でも、残念ながら生活保護制度はこのようなBの求めに応えることができないのです。こんな時、がっくりと肩を落としたBに対して、「せめて公的な貸付制度だけでも紹介しておこう」と、社会福祉協議会の生活福祉資金貸付の窓口を案内することもあります。しかし、これはあくまでも貸付制度ですから、貸付によって新しい住まいを確保することができたとしても、Ｂは転居後の生活費（つまり年金）の中から計画的にお金を返済していかなければなりません。そして、もしかしたら、その月々の返済がＢの生活を圧迫して、Ｂは実質的にフローの生活保護基準を下回る生活レベルになってしまうかもしれません。

ストックのニーズへの対応は、生活保護以外の制度で

それでは、このような問題をどのように解決していったらよいのでしょうか？　これはもはや生活保護制度の枠の中だけで解決することのできない問題です。基本的な考え方としては、このような低所得者を対象とする住宅保障の政策を、生活保護法とは別に新たに立ち上げる必要があります。生活保護とは別の制度であるということは、その利用要件についても生活保護とはまったく異なるものになるということで、たとえば本人の収入や保有する資産の扱いは生活保護よりもずっと緩やかな基準とすべきでしょう。また、親族からの援助を求めるとか、本人に働くよう指導するといった私生活への介入は基本的に不要であると考えられます。なお、一時扶助の支給メニューには、住宅の確保・補修に関するもの以外にも、布団や家具の購入など多くの項目がありますが、これらについても基本的な考え方はここで述べたのと同じで、やはり生活保護とは別個の低所得者支援策に統合していくのがよいと思われます。

コラム④　居住用不動産を担保に入れて公的な貸し付けを受ける制度（リバース・モーゲージ）の仕組み

①　単身の高齢者であるAが、生活保護の申請を行うために福祉事務所の窓口に来た場合には、福祉事務所の面接相談員は、生活保護の適用はせずに、その人を都道府県社会福祉協議会の窓口に案内する（つまり、この新しい制度の窓口は、福祉事務所ではなくて社協である）。

②　社協の窓口で、Aは「要保護世帯向け長期生活支援資金」の貸付申請を行う。社協では、Aの不動産を担保に入れる（抵当権を設定する）。ここでは、仮にAの不動産の評価額を一〇〇〇万円とする。同時に、抵当権設定の事実を推定相続人であるBに通知する。

③　貸付開始（毎月の貸付金額の上限は、生活保護基準の一・五倍まで）

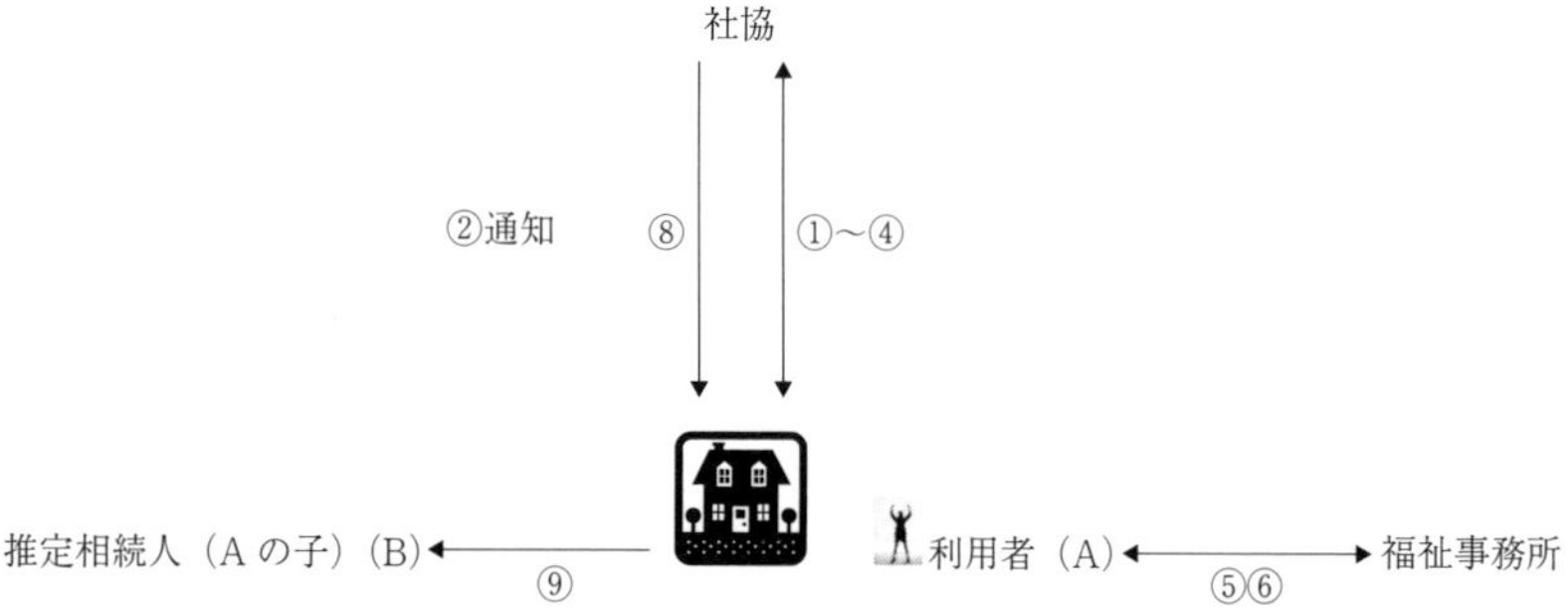

④ 貸付終了（貸付総額が、一〇〇〇万×〇・七＝七〇〇万円に達したところで、貸付は終わる。これを「担保切れ」という）
⑤ Aは福祉事務所に再度生活保護の申請を行う。
⑥ 生活保護開始（Aはこれまでどおり、自分の家に住みつづけることができる）
⑦ Aが死亡
⑧ 社協は、故Aの不動産の上に設定されていた抵当権を実行する（土地や家を競売にかけて、その売り上げ代金の中から、貸してあった七〇〇万円を回収する）
⑨ 社協が七〇〇万円を回収した後に、もし不動産の売却代金の残りがあれば、その分だけはBが相続することができる。しかし、Bは不動産そのものを相続することはできない。

おわりに――これから社会福祉について学ぶ皆さんへ

ここまでの説明で、日本の生活保護制度が国民の生活を支える最後の砦として非常に重要な役割を果たしていることを理解していただけたのではないでしょうか。しかし他方で、法律の制定から七〇年以上を経た現在、この制度がいろいろな面で私たちの暮らしにマッチしなくなってきているという機能不全の問題、あるいは制度の「老朽化」の問題も確認できたと思います。

新型コロナの感染拡大による社会・経済の急激な変動や少子高齢化の進展という時代背景の中で、生活保護をはじめとする日本の低所得者支援制度は、いま大きな転換を迫られているのです。そして、このように激しく揺れ動いていく社会の中にあって、これから大学などで本格的に社会福祉を学んでいきたいと考えている皆さん、あるいは将来は低所得者の支援に関わる仕事に就きたいと考えている皆さんに向けて、いくつか学習上のヒントとなることをお話ししておきたいと思います。

体系的な思考を大切に

「体系的な思考」とは、常に「今の自分の立ち位置」を大きな枠組みの中でとらえていこうとする姿勢のことを意味します。たとえば、政府が国民に現金を支給する制度という切り口で見ても、生活保護以外にも年金、雇用保険、児童扶養手当など、よく似た制度がたくさんあります。当然これらの制度はそれぞれ独自の存在理由があるわけですから、利用要件、支給金額、支給期間、あるいは財源などが異なっています。このように自分がいま学習しているものとよく似た制度が他にもあるとき、両者の違いを社会保障全体の位置関係に照らし合わせながら考えていくことが大切なのです。普段からこのような点に留意しつつ学習していけば、似たもの同士を混同することがなくなるし、ある制度の抱える問題点について立体的に理解することができるようになるでしょう。

これはたとえていうならば、ある一本の木の小さな枝の先に咲く花を観察するときに、ときどき意識的にカメラを引いてその樹木全体（あるいはその樹木が立っている森全体）の風景を遠景で眺めてみる、というやり方に近いかもしれません。小さな細かい部分を観察する際には、他の部分との形状の違いとか、全体が各部分に与えている影響なども頭に入れておかないと、正しい観察結果が得られないのです。

このことは社会保障制度の学習に限らず、おそらくあらゆる学問の領域にあてはまる基本的な姿勢だと思います。とりわけ社会保障制度では、ある制度をめぐる動きが直ちに他の制度に影響を与えるなど、全体がひとつの生き物のように相互に関連しあっているため、「木を見て森を見ない」という態度では十分な学習成果をあげることができないのです。

そこで、さしあたり生活保護の動向に影響を与えそうな他の制度の最近の動きとして、まず二〇一三年に成立した生活困窮者自立支援法に注目しておきたいところです。生活保護は今後、この法律と緊密な連携をとりながら運営されていくことになると予想されているからです。また、地域福祉分野の動きとしては、二〇二一年度からスタートした重層的支援体制整備事業が重要で、この事業がスタートすることでこれまで声を上げづらい境遇に置かれていた生活困窮者に人々の目が注がれるようになっていくのではないかと期待されています。さらに長期的な課題としては、少子高齢化の進展の中で年金の給付水準が少しずつ低下していくことから目を離せません。特に老齢基礎年金の金額が低下していくことの影響は大きく、理屈の上ではその低下分をカバーする生活保護の守備範囲が広がっていくはずなのですが、はたしてそのように機敏に対応していけるのかどうかが気になるところです。

歴史的な視点を忘れないで

どのような制度であっても、それが生まれた時代背景、すなわちそのときどきの人々のものの考え方とか、政治や経済の動きといった事情から多くの影響を受けていますが、社会保障制度はとりわけそのような「時代の産物」としての性格が顕著に現れる分野であると思います。

たとえば、一七世紀のイギリスで世界最初の救貧制度が誕生した頃は、まだ貧困であることは個人の怠惰な性格が原因であるという「貧困自己責任論」の考え方が支配的であったため、救貧法に基づいて政府から支給されるお金は極めて低い水準に抑えられていました。そして、このような考え方の背景には救貧制度の利用者の数をできるだけ抑えて安価な労働力を豊富に確保しておきたいという、その時代の社会の支配層の考え方が働いていたことを見逃すことができません。

さらに時代を下って、日本の歴史に目を移してみましょう。わが国で一九五〇年に現在の生活保護法が制定されることになったきっかけは、戦前の明治憲法下の治世から新たな日本国憲法の時代へと歴史が大きく転換していったことが深く関係しています。新憲法の時代を迎えて、国民主権とか個人の尊厳の尊重といった、それまでとはまったく異なる世界観に立脚して国家を再出発させていくことになったので、貧困問題への取り組みにおいても「生存権」という新しい考え方を打ち出していく必要があったのです。そこで、旧生活保護法を全面的に改訂して、利用者の権利を中核に据えた現行法へと様相を一変させたということです。生活保護法上のいろいろな仕組みを紐解いていく際には、このような歴史的な位置づけをきちんとおさえておくことが正しい理解に到達するための一助になります。

常識に根ざした生活感覚も重要

第2章・4でお話ししたとおり、「健康で文化的な生活水準」は、時代の移り変わりとともに変化していくものなので、その意味では相対的なラインといえます。言い換えれば、社会の大多数の人が「これくらいのお金は、最低限必要だろう」と承認するような生活レベルが、その時代ごとに確定されていくことになります。とはいえ、大学で福祉を学んでいる学生や制度の運用にあたっている現場職員にとっては、そのような国民の意識がどのようなものであるかを具体的なデータとして知る機会は少ないので、とりあえず政府が「これが現在の日本のナショナルミニマムです」といって提示してきた結果をそのまま受け入れるしかありません。

　しかし、このようにして国が提示してきた最低限度のラインについても、その具体的な運用の場面では現場の職員の解釈に委ねられた「余白」の部分が多く残されています。たとえば、昼間部の高校に通いながら生活保護を利用する者が、学校の部活動に必要なお金を得るためにアルバイトをしているという場面を想定してみましょう。このような場合のアルバイト収入については、修学に必要な最小限度の範囲までは世帯全体の収入として取り扱わないことになっているのですが、この場合の「必要最小限度の範囲」が一体いくらまでを指すのかは、その世帯を担当する福祉事務所の判断に任されています。そして、このような判断では、まさに一般市民としての常識的な生活感覚が問われることになるでしょう。すなわち、この「必要最小限度の範囲」をあまりに狭く限定したのでは、本人の高校生活がまったくゆとりのないものとなって、周りの友人と比べたときに肩身が狭くなってしまうし、反対にあまりに緩やかに設定したのでは、他の低所得世帯で同じように働きながら高校に通う人と比べたときに不公平が生じてしまいます。

　このような常識的な生活感覚を養うことは、必ずしも自分自身が高校時代にアルバイトをした経験があった方がよいというわけでもないし、まして自分が親となって子どもを育てた経験がなければダメだというものでもないでしょう。要するに何が「多くの市民が納得する水準」なのか、ということを推し量る「常識のセンサー」のようなものが必要になってくるということです。

福祉サービス利用者の声に耳を傾けよう

大学生になると、高校生までと比較して自由な時間が多くなります。ぜひこの豊富な時間を使って、積極的に福祉サービスの現場に飛び込んでいき、利用者の声に耳を傾けてみてください。この本のテーマである「貧困問題」という切り口で、それに関連するボランティア活動の候補をいくつか紹介してみましょう。

たとえば子ども食堂や小中学生向けの学習支援教室などに行けば、現在大きな社会問題になっている「子どもの貧困」が、子どもたちの生活に具体的にどのような形で現れているのかを知ることができます。また、ホームレスの人たちのための炊き出しや見守りの活動に参加すると、彼ら・彼女らが行政に対して何を望んでいるのかを聞くことができるし、路上から立ち上がっていくためにどのような支援が必要なのかについて考える機会となるでしょう。

大学の授業や教科書で得られる知識はたしかに重要なものですが、先人が積み重ねてきた知識や技術、そして社会が築き上げてきたさまざまな制度が、実際に生活に困窮する人々のためにどう役立っているのか（役立っていないのか）を間近で体験することは、本を読んで得た知識に奥行きを与えてくれるだけでなく、自分自身の中の批判精神をおおいに育んでくれます。そして、そのようにして深まった理解が、次の段階の学習へのステップとなるのです。

最後に――私自身の体験から皆さんに伝えておきたいこと

この本では、ここまで現在の日本の生活保護制度の問題点やこれから向かっていくべき方向について、私の考え方を述べてきました。そこで、最後に私自身のこのような「生活保護制度論」を総まとめするにあたって、ある意味で象徴的ともいえるひとつの体験を紹介し、私の考え方を簡潔に整理しておきたいと思います。

私が福祉事務所の職員として働きはじめてまだ間もない二〇代半ばの頃、ある母子世帯を担当することになりました。母親の女性（仮にAさんと呼びます）はまだ二〇代前半の若さで、夫を交通事故で失ったものの遺族年金の受給資格がなく、Aさんのパート収入と児童扶養手当だけの収入であったため、幼い子どもと二人の生活が立ち行かずに生活保護の利用を開始しました。

Aさんは非常に堅実な考え方をする努力家タイプの人で、「将来は手に職をつけて生活保護から自立したい」と考え、生活保護費として支給されるお金の中から食費などを切り詰めて、ある資格を取得するために専門学校に通いはじめたのです。しかし、本書の中でも再三述べたとおり、生活保護基準というのは文字通り「最低限度の生活」を保障するものですから、本来そのお金を削って学費などにまわすということを想定していないのです。実際、Aさんが学校に通いはじめてからの一家の暮らしは相当に苦しいものとなり、2人とも満足に食事をとることができないほどの状態が続いていました。子どもの健全な発育のことなどを考えると、このような無理な節約を続けることがよいとはいえません。しかし他方で、「将来の就労自立に向けて、一定の期間だけ我慢をすることは仕方ない」というふうに覚悟を決めている本人の気持ちも理解できるので、このようなジレンマをどのように解決したらよいのか、と私自身も悩みました。

そこで、行政組織上は私の所属する福祉事務所の上級庁にあたる東京都の生活保護担当課にこの世帯のことを相談してみました。すると、「資格を取得することがその世帯の将来の自立に結び付く可能性が高いと考えられるならば、専門学校に通うための学費を生活保護費として積極的に支給することはできないものの、パート収入の中の学費にあてている部分について収入として控除（保護費から差し引くこと）をしない扱いが可能である」という回答を得ました。

この結論をAさんに伝えると、「これからは、無理な節約をしなくても学校に通うことができるんですね！」と、たいそう嬉しそうな表情を見せてくれました。そして、その後本人の計画どおり、Aさんは見事に目標の資格を取得し、その資格を使ってかなりよい条件の仕事を見つけて生活保護から自立していったのです。このことは私自身にとってもひとつの成功体験としてずっと記憶に残っていました。

そして、それから二〜三年が経過したある日、私は偶然にも電車の中でAさんの姿を見かけたのです。私が電車のつり革につかまってぼんやりと外を眺めていると、なんと私の正面にAさんが座っていて、読書をしていました。読んでいる本がよほど面白いのか、Aさんはキラキラと輝くような目でページを追っており、気力の充実ぶりが感じられる表情や整った身なりからも、現在の彼女の生活が落ち着いたものであることがうかがわれました。やがて電車が終点に近づいたとき、私は電車を降りたらAさんに声をかけようかと、一瞬迷いました。声をかければ、Aさんは久しぶりの再会に驚きつつも、きっと満面の笑顔で応じてくれたことでしょう。

しかし、私はそうしませんでした。Aさんが本から顔を上げるよりも一瞬早く、私は踵を返して電車を降り、足早にその場を立ち去ったのです。

そのとき私の胸の中に去来した思いというのは、たぶん以下のような考えだったのだろうと思います。「今は順調で幸せな暮らしをつかんでいるAさんも、あのような苦しい人生の一時期があった。そして、ケースワーカーだった自分はそのようなAさんと向き合って精いっぱいの援助をしてきた。しかし、それは今の彼女にとっては懐かしい思い出などではなくて、少なくとも人前で当時の関係者との再会を喜びあえるような美しい記憶ではないはずだ。生活保護のケースワーカーというのは、このように他人の人生を陰からひっそりと支える、縁の下の力持ちのような存在であるべきなのだ」。

それから長い月日が流れ、今になってそのときの自分の思考を冷静に振り返ってみると、当時の私は自分が勝手に作り上げた生活保護制度のイメージにとらわれ、あるいはケースワーカーという仕事の幻影を追いかけて、勝手にヒロイックな自己陶酔の気分に浸っていただけだったのだ、と思います。「人知れず苦境と格闘している弱者と共に生きる生活保護ケースワークとは、なんと高潔でカッコイイ仕事なんだろう！」といった、高揚感に酔いしれていたのでしょう。

しかし、生活保護ワーカーは社会的弱者と伴走する仕事だから「カッコイイ」というのは大きな勘違いで、そもそも生活保護が社会的弱者しか利用できない制度であるという出発点からして誤っているのではないか、とその後気づいたのです。「生活保護の利用者＝息を殺し、人目を忍ぶようにひっそりと生きている人たち」という極めてアナクロな前提に立てば、かつて自分が担当した利用者を街中で見かけても、あえて見て見ぬフリをして素通りするのも、ひとつの職業上のモラルとしてあるのかもしれません。しかし、それではこの制度の利用者をあまりにも狭い空間に閉じ込めてしまっているのではないでしょうか？

生活保護の利用に際しての調査項目が非常に詳細にわたり、また利用開始後の生活上の制約があまりに大きいために、生活保護ケースワーカーと利用者との関係は、一般的な役所の窓口職員との関係と比べると、はるかに深く利用者のプライバシーに介入したものとなり、いつしか利用者はケースワーカーの前で深く首を垂れたような卑屈な心理状態に追い込まれてしまいます。しかし、生活に困窮した者がもっと気軽に利用できるような制度へと生活保護を設計変更していけば、このような利用者と職員との関係も、もっとドライでスマートなものへと変えていくことができるのではないでしょうか？

たとえば、図書館で本を探したときに手助けしてくれた司書の人と街中でばったりと出会ったときのように、あるいは確定申告の窓口で申告書の書き方を丁寧に指導してくれた税務署職員と偶然スーパーで会ったときのように、生活保護の窓口担当者と再会したときにも「その節はお世話になりました」と気軽に挨拶できるような関係に変えていくことはできないものでしょうか？本書が目指そうとした生活保護の姿は、一言でいえばそのようなものなのです。

読者の皆さんが、そのような未来に向かって進んでいくきっかけを提供できたとしたら、筆者としては望外の喜びです。

注記

（1）朝日訴訟に関する文献は非常に多く出版されていますが、朝日さん自身の手記を中心にまとめられた、朝日訴訟記念事業実行委員会編『人間裁判』（大月書店・二〇〇四年）が、当時の状況を生々しく物語っているという点で資料的価値が高いものとなっています。
（2）ＯＥＣＤ（経済協力開発機構）に加盟する日米などの先進三五か国について相対的貧困率を比較したデータがＯＥＣＤのホームページ上で公開されています。それによると、二〇二一年の時点で、日本の相対的貧困率は加盟三五か国中、七番目の高さとなっています。
（3）生活保護の捕捉率の問題に関して、国際比較などを交えた論考を行ったものとして岩田正美『生活保護解体論』（岩波書店・二〇二一年）があります。
（4）嶋貫真人「生活保護における行政裁量とそのコントロールについて」（『社会福祉研究』第七三号・一九九八年）
（5）嶋貫真人「最近の生活保護制度改革をめぐる問題点について」（『とうきょうの自治』第六九号・二〇〇八年）
（6）嶋貫真人「生活保護における『自立の助長』の位置づけの再考」（『ソーシャルワーク研究』第一〇一号・二〇〇〇年）
（7）外国人の生活保護利用の権利が主たる争点となった比較的最近の裁判例として、最高裁判所二〇一四年七月一八日判決があります。
（8）嶋貫真人「生活保護の制度設計のあり方に関する一つの提言」（『福祉労働』第一二〇号・二〇〇八年）
（9）嶋貫真人「要保護世帯向けリバースモーゲージ制度の課題」（『社会福祉学』第四八巻第三号・二〇〇七

年）

（10）この点が争点となった代表的な裁判例として、いわゆる林訴訟の最高裁判所二〇〇一年二月一三日判決があります。

（11）嶋貫真人「保護の補足性に関する生活保護実施機関の聞き取り調査から浮かび上がる問題点」（大妻女子大学『人間関係学研究』第一七号・二〇一五年）

（12）嶋貫真人「生活保護における医療扶助の問題点」（『社会福祉研究』第八一号・二〇〇一年）

著者紹介

嶋貫 真人（しまぬき まさと）

東京都生まれ。筑波大学大学院ビジネス科学研究科企業法学専攻修士課程修了。1984年東京都練馬区役所に入職し、2003年まで練馬総合福祉事務所などで勤務。その後、沖縄大学人文学部助教授、田園調布学園大学人間福祉学部准教授を経て、現在、大妻女子大学人間関係学部人間福祉学科教授、多摩市社会福祉協議会理事、東京社会福祉士会会員。主な著作：『How to 生活保護』（共著）現代書館、2007年、「日常生活自立支援事業の課題」（日本社会福祉学会誌『社会福祉学』52巻1号）、2011年等。

〈大妻ブックレット 9〉

生活保護を考える

これから社会福祉をまなぶ人へ

2023年9月25日　第1刷発行　定価（本体1300円+税）

著　者　嶋　貫　真　人

発行者　柿　﨑　均

発行所　株式会社 日本経済評論社

〒101-0062 東京都千代田区神田駿河台1-7-7

電話 03-5577-7286　FAX 03-5577-2803

URL：http://www.nikkeihyo.co.jp

表紙デザイン：中村文香／装幀：徳宮峻

印刷：KDA プリント／製本：根本製本

ISBN978-4-8188-2639-7